Xaveria Gasser

Geschichte des Elisabethiner Klosters zu Klagenfurt

Xaveria Gasser

Geschichte des Elisabethiner Klosters zu Klagenfurt

ISBN/EAN: 9783743691919

Hergestellt in Europa, USA, Kanada, Australien, Japan

Cover: Foto ©ninafisch / pixelio.de

Weitere Bücher finden Sie auf **www.hansebooks.com**

Geschichte
des
Elisabethiner-Klosters
zu Klagenfurt,

in welchem

die durchläuchtigste Erzherzoginn von Oesterreich

Marianne

bis an ihr seliges Ende gelebet hat.

Geschrieben im Jahre 1792

von

Xaveria Gasser,

Oberinn des Klosters daselbst.

Und

zum Druck gegeben

von dem hochedelgebohrnen Herrn Johann Martin
v. Strohlendorf, kaiserl. königl. Rathe und
Landstand in Kärnten.

Salzburg, 1794.

Gedruckt mit Oberer'schen Schriften.

Vorerinnerung.

Gott die Ehre zu geben, der bey so vielen widrigen Umständen dieß Kloster seines Schutzes würdigte; den Menschen Gerechtigkeit widerfahren zu lassen, die mit ausgezeichneten Wohlthaten dieses Haus von dem oft in der Nähe drohenden Sturze befreyten; alle Nachkommenden Mitglieder dieser Gemeinde in der Geschichte dieses Hauses wahrhaft zu unterrichten, und durch diesen Unterricht sie in der Bewunderung der göttlichen Vorsicht zu stärken, ihnen Ehrfurcht und andächtige Erinnerung in Absicht auf die Wohlthäter der Gemeinde einzuflößen, sie zur Andacht, zum Fleiße, zu pünktlicher Beobachtung ihrer klösterlichen Satzungen zu ermuntern, ihnen durch Beyspiele Muth und Hang beyzubringen, um das für die leidende Menschheit zu werden, was wir nach dem Sinne unseres Instituts seyn sollen.

Dieß ist die Absicht der Geschichte. Einem Weibe wird man es vergeben, wenn dieses Werk ohne Prunke verfaßt, nur das Wesentliche berühret, was man sich bey der Verfassung der Geschichte zur Absicht genommen hat. Eine Klostergeschichte scheint freylich in einem Zeitalter, wo so viele Klöster eingezogen worden sind, und wo man den Grundsatz allgemein angenommen

men hat, daß das Daseyn der Klöster dem Geiste dieses Jahrhunderts nicht entspricht, das Unwichtigste zu seyn, was man schreiben kann. Doch lassen billigere Menschen dem Orden, zu dem wir gehören, die Gerechtigkeit widerfahren, daß er, in Rücksicht der guten Dienste, die er selbst den Bedürfnissen des Staats leistet, immerhin zu verbleiben verdiene, und man fängt endlich an, es deutlicher einzusehen, daß Weltleute unserm Geschäfte, lediglich durch Besoldung — ohne Beruf, ohne Gelübden gewidmet, das Gute mit der herzlichen Ergebenheit nicht wirken würden, was in der That gewirket wird.

Was die Geschichte selbst belangt, will ich ihr Zween Abschnitte geben. Ich behandle sie von dem Ursprunge des Klosters bis auf den 25. April 1781, und von diesem Tage bis auf gegenwärtigen Augenblick. — Durch den Verfolg des Ganzen werde ich auf so viele frohe und traurige Gegenstände stossen, daß fast immer Thränen des Mitleids und der Freude meiner Feder als Begleiterinnen folgen werden. Möchtest du allgütiger Gott meinen Wunsch erhören, der nicht größer und nicht kleiner ist, als daß alle Inswohnerinnen dieses Hauses, die einst nach uns kommen mögen, diese Geschichte mit dem Geiste und der Theilnahme lesen, mit welcher ich sie geschrieben habe!

Klagenfurt am 1. Herbstmonates 1792.

Xaveria.

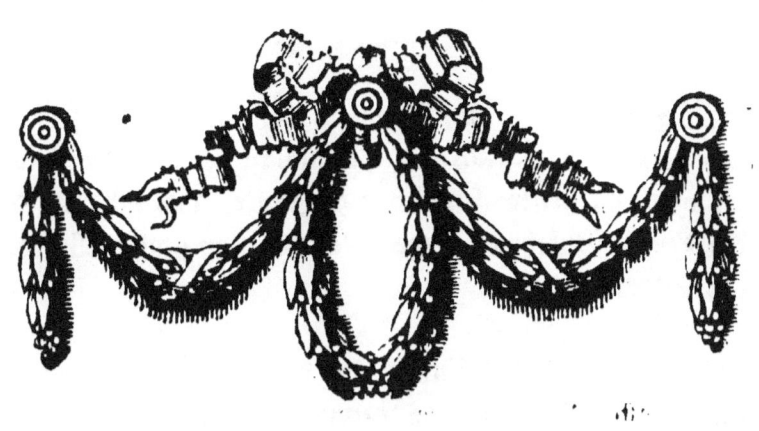

Geschichte des Elisabethiner-Klosters in Klagenfurt.

Erster Abschnitt.
Von dem Ursprunge des Klosters bis auf den 25. April 1781.

Die kleinsten Zufälle waren oft der Grundstein zu den ansehnlichsten Stiftungen. Man wird aber selten ein Kloster finden, wozu die Stiftung von jeher so karg war, das unter so vielen Hindernissen, mit so vielen Beschwerden aus seinem Nichts entstanden wäre, wie dasjenige ist, dessen Ursprung ich beschreibe.

Der Zufall, dem dieses Kloster sein Daseyn danket, ist die gute Denkungsart eines Mädchens, Namens Maria Ratini, welches in Klagenfurt lebte, und den Ent-

schluß

schluß gefaßt hatte, eine Nonne zu werden. Ihre ursprüngliche Absicht war, sich der Gesellschaft der heiligen Ursula zu widmen, jenem herrlichen Institute, das sich mit der Lehre und Erziehung junger Mädchen zum großen Vortheil des Staats abglebt.

Mit den Kolonistinnen aus dem Klagenfurtischen Ursulinerkloster die für das neugestiftete Ursulinerkloster in Salzburg bestimmt waren, unternahm sie von Klagenfurt die Reise nach Salzburg. Bey dieser Gelegenheit, da sie öfters bey dem regierenden Erzbischof in Betref der neuen Einrichtungen des dasigen Klosters Geschäfte hatte, ehe sie noch das Ordenskleid anlegte, änderte sich ihr Beruf. Sie fühlte sich abgeneigt, sich dem salzburgischen Ursulinerkloster einzuverleiben, und ohne daß man die eigentlichen Gründe weiß, die sie zu diesem Schritte bewogen haben, kehrte sie in ihre Vaterstadt zurück.

Dieser Entschluß zog auch überhaupt den Vorsatz nach sich, gar nicht in die Gesellschaft der Ursulinerinnen zu tretten. Sie lebte in ihrem Hause, und nahm sich vor, für sich zu bleiben, und nebenher junge Mädchen unentgeltlich in der Religion und in weiblichen Arbeiten zu unterrichten. Wie weit sie diesen Vorsatz in das Werk gesetzet habe, weiß man nicht so eigentlich, und es gehört im Grunde auch nicht hieher.

Inzwischen ward zu Graz in Steyermark unser Institut eingeführet. Schon durch einige Jahre ward in diesem Hause den Kranken mit Pünktlichkeit gedient. Die Nettigkeit, und der Eifer gewannen die Liebe des Publikums daselbst. Man sprach

sprach auch außer Landes davon, und rühmte ein Institut, das sein Wesentliches in den Liebesdiensten setzet, und mit Hindansetzung seiner eigenen Bequemlichkeiten nur mit dem Wohl anderer Menschen beschäftiget ist.

Maria Katini für alles Gute, Nützliche, Erbauliche mit warmem Herzen gestimmt, empfand einen heftigen Antrieb, ein Haus dieses Instituts auch in Klagenfurt einzuführen. Diese Person hatte, was man den Weibern so oft mit Recht und Unrecht zumuthet, die Gewohnheit nicht, sich an ihren Lieblingsgedanken unthätig zu weiden. Was sie einmal für zuträglich fand, suchte sie im Werke durchzusetzen, und auf diesem Wege schreckten diese männliche Seele weder Beschwerden, noch halbe Unmöglichkeiten zurück. Sie glaubte, daß es der Mühe wohl werth seye, das Äußerste zu versuchen, um ihrer Vaterstadt eine immerwährende Wohlthat zu verschaffen. Sie wagte sich an alle diejenigen, von denen sie glaubte, daß sie ihren Absichten Unterstützung leisten könnten, mit Briefen, schrieb unter anderen auch an die Stifterinn des Grazerklosters, oder, was man nicht so gewiß weiß, an ihre Verwandte; äußerte ein gränzenloses Verlangen, dieses berühmte Institut auch in ihrem Vaterlande zu gründen, und die Kolonistinnen dazu aus Steyermark herüber zu versetzen.

Man weiß, mit welchem Eifer alle Orden jede Gelegenheit ergriffen haben, um sich immer weiter in der Welt auszudehnen, und man wird keinen von ihnen, wenn er der Welt jemals nützlich gewesen ist, wenn er vielmehr sich lediglich auf die Absicht, in ewige Weltzeiten nützlich zu seyn, stützte, diese Denkungsart übel nehmen. Das Konvent in Graz

Graz bewies sich bereitwillig, die ersten Elisabethinerinnen nach Klagenfurt abzugeben, und die hochgebohrne Frau Theresia Gräfinn v. Wagensberg, gebohrne Fürstinn von Lichtenstein schoß zu diesem frommen Werk 11000 fl. mit der Bedingniß vor, daß ihr einmal der Name einer Stifterinn von dem Hause in Klagenfurt beygeleget werde; eine That, die ein edles Frauenzimmer um so mehr lobenswürdig macht, je mehr die Menschen manchmal Gutes thun, um für erhaben und wohlthätig angesehen zu werden. Eben diese Fürstinn stiftete nach der Zeit ein Krankenbett mit 1000 fl., um das Institut noch besser zu befördern. Durch diese Stiftung entstanden die ersten Krankenbetter unter den Numern 1. 2. 3. 4.

Es liegt aber immer am Tage, daß alles das, was diese Fürstinn abreichte, ungeachtet man da in unendlich wohlfeilern Zeiten lebte, in Absicht auf die Errichtung eines Elisabethinerklosters eine geringfügige Unterstützung war. Es war vorauszusehen, mit welchen Beschwernissen und Hindernissen die erste Anlage dieses Klosters zu ringen haben würde; daß Armuth, Hunger, Ungelegenheit, vielleicht auch Verachtung und Gespött der Antheil derjenigen seyn müsse, die sich einem so weitwendigen Werke im Anfange zu unterziehen entschlößen. Gleichwohl wagten es vier Nonnen aus dem Gräzerischen Elisabethinerkloster, sich der Ehre ihres Ordens und dem Wohl der Menschheit aufzuopfern. Ihre Namen sind zu verdienstvoll, als daß sie nicht mit goldenen Buchstaben in dieser Geschichte erscheinen sollten. Sie nannten sich:

1. Fran=

1. Francisca Rauscherinn.
2. Elisabeth Freyinn v. Rehling.
3. Maria Delphina Swarzbach.
4. Maria Cajetana Sieghard.

Die Erste von diesen entschlossenen Weibspersonen trat als Oberinn und Vorsteherinn der Uebrigen die Laufbahn an. Die Letztere war eine Layenschwester, und die Tochter eines Verwalters zu Gurk.

Unter Thränen und Segenswünschen der zurückgebliebenen Ordensschwestern verließen sie ihr Haus in Graz, und trafen am 24. Hornung 1710 in Klagenfurt ein. Man stelle sich das Entsetzen vor, als sie in dem Hause der Maria Katini zwar alles, was die Freundschaft in einem frohen Auge zeigen kann, fanden, aber nichts, was zur Bequemlichkeit, was zur Erreichung der frommen Absichten, was Menschen, die mit dem beßten Willen, Anderen zu helfen gekommen waren, zum Gebrauch und Trost dienen mochte. Allenthalben erblickten sie viel guten Willen, aber noch mehr Mangel und Armuth.

Die Katini gab mit der äußersten Bereitwilligkeit, was sie an Lebensbedürfnissen hatte. Betten brachten die frommen Pilgrimme selbst mit. Einige Monate verflossen, ohne daß diese Gemeinde eine andere Quelle ihres Unterhalts gehabt hätte, als das Almosen, welches ihnen fromme Menschen an Speis und Getränke in das Haus schickten.

Der Versuch war neu, die Gemeinde klein, die Nachbarsleute mit den Hoffnungen, die dieser Versuch versprach,
äußerst

äußerst zufrieden. Die Sache gieng also ganz vortreflich. Man erfreute sich des nöthigen und bequemen Unterhalts. Aber keiner Sache lauert die Launigkeit so behend auf, als der Wohlthätigkeit, wenn sie nicht von unpartheyischen Leuten herkömmt, und aus unbefangenen Gründen geleistet wird. Das Gute, was diese Gemeinde leisten sollte, nahm einen langsamen Gang, weil es an genugsamen Quellen mangelte. Die Sache war nicht mehr neu, und die Hoffnungen, die man schöpfte, lagen noch sehr weit entfernt, um in das Große zu gehen. Die Wohlthäter fiengen an, kälter zu werden, und die edlen Kinder mußten sich mit dem niedrigsten Unterhalte begnügen. Aber große Seelen werden durch Drangsale in ihrer Beständigkeit genährt. Alle Ungemächlichkeiten, die diesen frommen Kindern Unmuth und Zaghaftigkeit eingeflößet hätten, wenn sie nicht aus den erhabensten Absichten da gewesen wären, hielten sie nicht ab, ihrem Ziele näher zu kommen, das sie sich vorgestecket hatten. Hauptsächlich war es ihnen darum zu thun, eine kleine Hauskapelle, und ein Zimmer für 4 Krankenbetten zu erhalten. Es war ihnen gewiß nicht übel zu nehmen, daß sie das Erstere mit außerordentlicher Sehnsucht wünschten, da sie bereits durch ein ganzes Jahr täglich in die Stadt gehen mußten, um eine Messe zu hören.

Mit einer sauern Verwendung hatten sie sich bey allen weltlichen Stellen herum zu balgen, um sich die Erlaubniß zu erwerben, daß sie endlich ein Kloster und eine Kirche bauen dürften. Es geschah öfters als einmal, daß man sie vor dem damaligen Burggrafen auf den Knien liegen sah, um die Beförderung ihrer wohlthätigen Absichten zu erflehen.

erstehen. Es ereignete sich, daß die religiösen Weiber in dieser Absicht zu ihm kamen, als er eben vom Hause abgefahren war. Da sie aber nicht übrige Zeit hatten, um selbe in den Vorzimmern der Großen zu verspittern, und weder warten, noch ein andermal kommen wollten, sah man sie im tiefen Schnee dem Wagen des Burggrafen nachlaufen, um ihn einzuholen, und ihre gerechten Bitten zu erneuern.

Der große Anstand, der sich ihrem wohlthätigen Ansinnen allemal entgegen zu setzen pflegte, war immer der Mangel an einer ergiebigen Stiftung; denn wie sollte es möglich seyn, daß diese guten Frauen bey einem Fond von 11000 fl. an den Baue eines Klosters und einer Kirche denken dürften, und dabey noch ihrer Unterhalt genießen könnten! Inzwischen erhielten sie doch zu ihrem ungemeinen Trost endlich die Erlaubniß, in einer zur Noth errichteten kleinen Hauskapelle sich täglich eine Messe zu verschaffen. Die Jesuiten gaben ihnen zu einem Altarblatt ein altes Marienbild, welches die Maria Major vorstellte, und annoch in dem Arbeitszimmer vorfindig ist. Die guten Väter erinnerten sich, wie wohl es ihnen war, da sie eben dieses Bild von den Benediktinern zu Ossiach bey der Errichtung ihres Kollegiums geschenkt erhielten. Die Menschen würden gegen einander zehnmal mehr wohlthätig seyn, wenn sie allemal, so oft sie um Wohlthaten angesprochen werden, das gehabte Gefühl bey selbst erhaltenen Wohlthaten in die Erinnerung zurückführen wollten.

Man kann sich vorstellen, wie arm diese kleine Hauskapelle gewesen seyn müsse, da alle Mittel mangelten, etwas Besseres

Besseres herzustellen. Ein in der Höhe angebrachter hölzener Gang mußte die Dienste eines Chores leisten. Die Stelle der Fenster nahmen einige hölzerne Schuber ein, die entweder, wenn sie geöffnet waren, unsere frommen Chorsängerinnen der rauhen Luft außsetzten, oder, wenn man sie schloß, des nöthigen Lichts beraubten.

Da in dieser ursprünglichen Gemeinde nur 3 Chorfrauen waren, geschah es sogar durch einige Jahre, daß Eine von ihnen doppelt singen mußte, um einen Chor mit doppelten Stimmen vorzustellen. Alle diese Ungemächlichkeiten waren aber nicht von der Art, daß sie die großmüthigen Seelen in ihrem einmal angefangenen Werke nur im mindesten gestöret hätten.

In dieser Lage der Sachen stellte sich die erste Kandidatinn für diese Gemeinde in der Person der Maria Katini. Man trug gar kein Bedenken, ihr auch im sechzigsten Jahre ihres Alters das Ordenskleid zu geben. Sie trat mit Entschlossenheit ihr Probejahr an, und legte noch in der ersten Hauskapelle ihre Gelübde ab. Ein durchaus erbauliches Leben zeichnete diese gute Person vor der kleinen Gemeinde aus. Ihr Ordensname war Maria Angelina, und sie krönte ihre Verdienste in einem hohen Alter durch ein seliges End.

Endlich ward den standhaften ersten Innwohnerinnen dieses Hauses, nach vielen Verwendungen, die lang gesuchte Erlaubniß ertheilet, auf ihre Gefahr einen Kirchenbau zu beginnen. Man legte den ersten Grundstein mit der größten Feyerlichkeit, ungeachtet aller schlechten Aussichten,

bey

bey dem großen Geldmangel, dasjenige, was man angefangen hatte, auszuführen. Das, was man in den ordentlichen Wegen oft Thorheit zu nennen pflegt, ist das Unternehmen einer Sache, von der man das Ende abzusehen nicht im Stande ist. Aber wie viele herrliche Werke wären niemal entstanden, wenn es nicht Leute gegeben hätte, die manchmal bey den größten Hindernissen die Hand an ein Werk geleget hätten, dessen Vollendung sie oder dem Zufall, oder im bessern Verstande der Vorsicht Gottes überließen: schwächere Seelen, als die ersten Frauen dieses Hauses, würden bey so vielen widrigen Hindernissen ihrer Absichten zehnmal die angefangene Unternehmung aufgegeben, und ein Land, das so wenig that, um sich auf ewige Weltzeiten helfen zu lassen, mit dem Rücken angesehen haben. Allein der Eifer, ihre Absichten zu erreichen, war stärker, als der Damm, der sich denselben entgegenstellte. Sie begaben sich auf das Land, in die Dörfer, bettelten überall um Zuführen der zum Kirchenbau nöthigen Materialen. Ihre Bitten fanden ein geneigtes Gehör. Man kam von allen Gegenden, um sie mit den unentbehrlichen Erfordernissen zu versorgen. Um die Tagwerkerschüchten in Ersparung zu bringen, versahen sie in eigener Person jene Handlangerstellen, die man bey Aufführung der Gebäude nicht entbehren kann. Sie trugen über den öffentlichen Platz Steine und Ziegel, verdünnerten den Sand, reichten den Arbeitern die Materialien, und hielten ihre adelichen Hände nicht für so edel, daß sie bey einem solchen Werke die niedrigsten Arbeiten verschmähen sollten. Bey allen diesen schweren Verrichtungen unterließen sie doch die kanonischen Stunden im Chor keineswegs, und vergaßen eben so wenig ihre Kranken zu verpflegen.

Keine

Keine Seele, die diese Umstände beherziget, wird sich darüber verwundern, daß dieses Gebäude einen äußerst langsamen Gang genommen hatte. Mangel am Gelde erzeugt Mangel an Herbeyschaffung der Baugeräthschaften, und Bauleute. Die Mauern stiegen auf die langsamste Art aus der Erde hervor, und lang schien alles gleichsam in seinem Nichts stecken zu bleiben. Auch da der Kirchenbau endlich nach einer unermeßlichen Sehnsucht vollendet war, warf sich allererst die Frage auf, woher die unentbehrlichen Kircheneinrichtungen kommen sollten! Aber wer bey so vielen Hindernissen durch die obwaltende Vorsicht schon so weit sich empor gedränget hat, bleibt an fernerm Vertrauen auf dieselbe nicht zurück. Man suchte, bettelte, und bewarb sich immer mit Standhaftigkeit, und das Publikum belohnte eine Gemeinde, die in Gründung ihres Bestandes so viele Beharrlichkeit und eiserne Ausdauerung bewies, mit ergiebigen Unterstützungen. Man konnte nun drey Altäre, eine Kanzel und Kirchenstühle errichten. Auch andere Kirchengeräthschaften wurden zur Noth herbeygebracht. Die Klosterfrauen malten selbst die Kirchenstühle, die Kanzel, die Altäre, und verfertigten mit unermüdetem Fleiße die Kirchenparamente so nett und vortreflich, als es die Armuth vergönnte. Kurz! ihre Bewerbungen gediehen endlich so gestaltig, daß im Jahre 1732, also nach 22 Jahren ihres mühsamen Daseyns, alles zu Abhaltung des öffentlichen Gottesdienstes bereit da stand. Das allerheiligste Altarssacrament ward alsdenn aus der unansehnlichen Hütte (mehr war die Hauskapelle in jeder Rücksicht nicht) in das Gotteshaus mit der möglichsten Feyerlichkeit übertragen. Der Gottesdienst und der Chorgesang nahmen ihren Anfang, und die guten Frauen wußten nicht, wo sie Worte finden sollten,

follten, ihrem lieben Gott zu danken, daß er ihr Vorhaben so weit durch seinen allmächtigen Segen gedeihen ließ.

Das Kloster erhielt nach und nach mehrere Kandidatinnen. Allein es war selten eine unter diesen guten Kindern, die dem Kloster etwas am Vermögen zugebracht hätte. Ich weiß wohl, daß man den Klöstern von jeher einen unaufhaltbaren Hang, sich zu bereichern, vorgeworfen habe. Auch will ich nicht in Abrede stellen, daß der Reichthum der Klöster weder zweckmäßig, noch zuläßig seye, wenn derselbe zu nichts weiter dienen solle, als den Inwohnern des Klosters Bequemlichkeit, dem Gebäude Pomp, und den Leidenschaften jener Menschen Vorschub zu geben, die sich in das Kloster verborgen haben, um ihre Leidenschaften dem angenommenen Wohlstande unschädlich zu machen. Allein, wenn man bedenken will, zu welchen gottseligen Absichten für die leidende Menschheit sich das Kloster, dessen Ursprung ich beschreibe, erhoben hat; so wird man mir die Klage verzeihen, die ich darüber führen zu dürfen glaube, daß diesem Hause durch so lange Zeit kein ergiebiger Umstand aufstieß, der es zeitiger zu seinem wahren Ziel geführet, und seine Inwohner der bittern Noth entzogen hätte. Die traurige Folge dieses Mangels war, daß man so bald kein eigentliches Krankenzimmer erbauen konnte, sondern in die Nothwendigkeit versetzet war, die Kranken in ein Zimmer, das an die Kirche gebaut war, unterzubringen, um sie der Anhörung des Meßopfers nicht zu berauben.

Da stunden nun ein halbes Kloster, und eine ganze Kirche, beyde ohne eine Stiftung. Durch viele Jahre

las'

las' die Konventmesse aus bloßer Gutherzigkeit ein Pater Kapuziner, dessen Namen man, nicht ganz ohne Vorwurf eines Undanks, vergessen hat. Es that sich aber mit der Zeit (Leider! wieder ohne Namen) ein Wohlthäter hervor, der diese Konventmesse mit einer gründlichen Stiftung bedeckte.

Da man von dieser Seite gesichert war, achtete man an der andern gar nicht, daß man zu dem nöthigen Hausunterhalt manchmal an allen Dingen auf einige Zeit Mangel litt. Das Kloster war zuweilen so gestaltig vom Gelde entblößet, daß selbst weltliche Dienstleute mit ihren wenigen Kreutzern die Armuth ihrer Herrschaft unterstützen mußten; ein Fall, der in dieser Geschichte auch späterhin noch vorkommen wird.

Francisca Rauscherinn, die bis nun in diesem Hause die Stelle der Oberinn bekleidet hatte, verließ dasselbe aus unbekannten Ursachen, und begab sich in das Kloster zu Graz, wo sie ihre Profession gemacht hatte. Sie wurde von dort aus mit einer andern Klosterfrau in der Person der Antonia Schönbachinn versetzet. Es war eine Klosterfrau von Verdiensten, die so sichtbar waren, daß man ihr bey ihrer Ankunft ohne Bedenken die Last einer Oberinn auf die Schultern legte.

Die Zahl der Klosterfrauen vermehrte sich indessen. Ihrer waren bereits zwölf. Da aber wegen dem großen Geldmangel noch ein großer Trakt des Klosters unausgebaut war, mußten die meisten von ihnen in elenden Kammern, wo sie dem Ungemache der Witterung ausgesetzet waren, ihre

ihre Wohnung nehmen, und alle hatten die Hände voll zu thun, um bey dem Gebäude, bey den häuslichen Verrichtungen die schwersten und niedrigsten Arbeiten zu vollführen, und daneben bey Tag sowohl als in der Nacht in dem Chor und bey den Kranken zu dienen. Die Krankenbetter sind indessen durch Stiftungen vermehret worden. Im Jahr 1716 stiftete Frau Regina von Widmayershofen ein Krankenbett mit 1000 fl, welches die Numer 5 erhielt. Im Jahr 1719 erhielt das Kloster abermal von der Frau Antonia Schönbachinn 1000 fl. für ein Krankenbett, welches sub Numero 6 errichtet ward. Endlich entstand durch die Wohlthätigkeit der Frau Eleonora Reichsfreyinn von Jabornegg und Gamsenegg, welche im Jahre 1731. 1000 Gulden stiftete, unter der Nummer 7 abermal ein Krankenbett.

Die Oberinn Antonia Schönbach lebte beyläufig ein Jahr in unserm Hause, und starb in ihrem besten Alter, nachdem sie durch ihre guten Eigenschaften die Gemeinde erbauet hatte. Es scheint, als ob diese gar nicht mit solchen Mitgliedern gesegnet gewesen seye, die das erledigte Amt einer Oberinn zu besetzen die Fähigkeit gehabt hätten; denn eine Freyinn von Seenus, Clara mit ihrem Ordensnamen, die man auf die selige Antonia Schönbach folgen ließ, sah sich gezwungen, nach einem Jahre ihren Posten zu verlassen, indem sie fühlte, daß sie andere zu leiten, und einem Hause, welches in so vielen Bedürfnissen schwebte, vorzustehen nicht geeignet seye; und war weit lobenswürdiger in ihrer Abdankung, als sie gewesen wäre, wenn sie mit mittelmäßigem Anstande den Posten einer Oberinn beybehalten hätte.

Die erledigte Stelle besetzte man im Jahr 1735 mit Maria Angelina, einer gebohrnen Nerin. Es war ein Weib, das die Vorsicht herüber brachte, um unserm Hause einen festern Bestand zu geben; denn bey allem dem, was unsere ersten Vorgängerinnen in diesem Hause unternahmen, und was sie zur Verwunderung mit Beharrlichkeit übten, so war doch alles wegen Kleinheit der Gemeinde, und wegen Abgang an Unterstützung nicht so ordentlich, wie es von Rechtswegen in einem Kloster der Elisabethinerinnen seyn sollte. Da gehörte ein Talent dazu, welches den Anstalten einen gewissen Schwung geben mußte, um sich immer mehr hinan zu arbeiten, und dieses Talent fand sich in der neuen Oberinn. Sie hatte sich schon in Prag durch einen regelmäßigen Klosterbau ausgezeichnet. Sie versah durch einige Jahre daselbst das Amt einer Oberinn mit Ruhm. Die Zucht, die sie in der dortigen Gemeinde festgesetzet hat, machte ihre Gemeinde ansehnlich, und man trug gar kein Bedenken, mehrere ihrer Schülerinnen aus dem Kloster zu Prag auszuheben, und die neuen Elisabethinerstiftungen in Breslau, Teschen, und anderen Orten mit diesen gut gerathenen Köpfen zu besetzen.

Um die Verdienste dieser Vorsteherinn zu kennen, muß man nicht so viel alle ihre Einrichtungen, nach dem Gesichtspunkte der heutigen Kirchenverfassung, als den Geiste der Thätigkeit beobachten, mit welchem sie alles in das Werk setzte. Sie führte Bruderschaften und Abläße ein, die sie durch ihre kraftvolle Verwendung von Rom erhielt. Es waren die Zeiten, wo man durch solche Erwerbungen einem Gotteshause und einem Kloster Ansehen und Zulauf verschaffen konnte, und man muß

bekennen,

bekennen, daß sie selbst in Rücksicht der Aufnahme des
Instituts, und der Beförderung der guten Sache in den
damaligen Zeiten nichts zweckmäßigers hätte unternehmen
können. Sie sah sich gezwungen, alles zu thun, um dem
Kloster Freunde, Verehrer, und Wohlthäter zu verschaffen.
Es gelang ihr auch so ziemlich. Mit Hülfe einiger Baarschaft,
die sie selbst hereingebracht hatte, und anderer Unterstützungen
reinigte sie das Gotteshaus, errichtete einen neuen Hochaltar, baute eine Todtenkapelle für die Hinterlegung der
Verstorbenen: und da die jüngern Klosterfrauen noch immer mit der größten Ungelegenheit in verschiedenen Winkeln
wohnten, führte sie einen vollständigen Trakt des Klosters
auf. Sie verordnete in dem Krankenzimmer die ordentlichen Gebethe, gab den Verrichtungen im Chor eine an-
ständigere Regelmäßigkeit, verschloß ihr Kloster bis zur
höchsten Nothwendigkeit dem niedrigen Gesinde, das vor
der Hand zu den meisten Klosterarbeiten beygezogen werden mußte, und beförderte mit allen Kräften die Beobachtung klösterlicher Satzungen. Wenn Wünschen und Aus-
führen einerley Dinge wären, so würde schon damal ein
herrliches Krankenhaus entstanden seyn; denn der Eifer
dieser rechtschaffenen Frau, alles zu unternehmen, was
der guten Sache des Instituts einen Fortgang geben konnte, war gränzenlos, und, wenn man das, was sie bey
so mittellosen Umständen wirklich ausgeführet hat, bewundern muß, so würde man über alles haben erstaunen
müssen, wenn die Kräfte ihren Wünschen entsprochen
hätten. Man kann sicher hoffen, daß das Kloster in
späteren Zeiten vielleicht niemal in jene bedauerliche Umstände, von denen ich noch vieles zu reden habe, versetzt
worden wäre, wenn die Täge ihrer Pilgerschaft nicht ein

so kurzes Ziel gehabt hätten. Sie war nicht ganz durch 6 Jahre Oberinn, und starb zum großen Leidwesen der Gemeinde, die ihren Verdiensten Gerechtigkeit widerfahren ließ, im Jahre 1741.

Nach ihr ward zur Stelle einer Oberinn die Josepha Bluminn gewählt, eine der ersten Mitglieder, die in diesem Hause eingekleidet wurden, und ihre Gelübde gemacht haben; eine Person, die sich in der Arzneykunde rühmliche Kenntnisse erworben, und die in der Heilung verschiedener schadhaften Wunden, und des Grindes im Kopfe von einem ungemeinen Glücke begleitet wurde. Sie war eine von denjenigen ersten Klosterfrauen, die mit nicht geringer Beschwerde bey dem Kirchen- und Klosterbau die Tagwerksarbeiten freudig unternahm, und nebenhin ihren gewöhnlichen Pflichten gleichwohl nichts entzog. Auch noch bey dem Amte einer Oberinn beschäftigte sie sich sehr sorgfältig in der Apotheke und im Krankenzimmer, und schätzte sich in dem Dienste der Kranken glücklich. Es mangelte ihr dabey nicht an Grundsätzen der Haushaltung, und sie hat in einer Zeit von 15 Jahren, durch welche sie dem Kloster vorstand, Wunder gethan; denn sie hinterließ keine Schulden, und es war sich gar nicht zu verwundern, wenn sie außer dem nicht alles so in den Stand gesetzet hat, daß bey dem Daseyn einer so kargen Quelle nicht noch allenthalben Mangel und Noth aller Orten sichtbar blieb.

Im Jahre 1756 trat in die Reihe der obrigkeitlichen Personen Frau Anna Theresia Schrottinn ein. Unter ihrem obrigkeitlichen Amte fiel wenig vor, was von Wichtigkeit

gewesen

gewesen wäre. Sie hatte das Glück, von der Oberinn des Elisabethinerklosters in Wien, die eine Schwester der verstorbenen Frau Josepha Bluminn war, auf das nachdrücklichste unterstützt zu werden. Allein, wie nun das Glück selten beständig ist, und insbesondere dieses Haus schon allzeit gewidmet war, die schielen Blicke desselben bey allen Gelegenheiten zu erfahren, geschah es auch hier. Die Unterstützungen aus Wien wurden immer geschmeidiger, bis endlich diese Quelle gänzlich versiegte. Die gute Oberinn wirthschaftete demnach so gut sie konnte, langte aber am Ende doch nicht aus, und hatte, nachdem sie bloß die Schuld von einigen Gulden machte, das Vergnügen, ihres obrigkeitlichen Amtes los zu werden, ehe sie sich tiefer verwickeln mußte; denn sie trat mit 3 und einem halben Jahre aus dem Amte einer Oberinn freywillig aus.

Im Jun. 1760 ward die Frau Agnes, eine Gräfinn Kühnburg zur Oberinn gewählet. Sie hatte das Mißvergnügen sehen zu müssen, wie sich unter ihrer Verwaltung die Umstände von Jahr zu Jahr verschlimmerten. Zeiten und Verhältnisse trugen das Ihrige dazu bey. Fast alle Gattungen von Nahrungsmitteln stiegen zu einem unerträglichen Werth hinan. Es hatten zwar einige Kandidatinnen dem Kloster ein bischen Vermögen zugebracht. Allein die Verhältnisse waren so traurig, daß diese Gelder nicht mehr auf Zinsen geleget werden konnten, sondern nach und nach aufgezehret werden mußten.

Durch diese unangenehme Lage ward auch der Vortheil des Instituts gehemmet. Wir hatten richtig zwo neue Stiftungen auf Krankenbetten. Allein da das Krankenzimmer

zimmer nur 8 Betten faſſen konnte, war auch keine Hoff‍nung da, die neuen Stiftungen in Gang zu bringen. Es war zwar unläugbar genugſamer Raum da, um das Kran‍kenzimmer zu erweitern; es fehlte aber immer an der gro‍ßen Kleinigkeit — am Gelde; ohne welchen in der großen lieben Welt nichts zu Stande kömmt.

Es zeigte ſich im Jahre 1765 zur Beförderung dieſes neuen Krankenzimmers eine ſchöne Gelegenheit. Der Hof reiſte nach Innsbruck zur Vermählung; die daſelbſt mit außerordentlicher Feyerlichkeit zwiſchen dem Erzher‍zog **Leopold**, Großherzog von Toskana, und **Louiſe** Infantinn von Spanien vollzogen wurde. Die Reiſe gieng über Klagenfurt. Die nach vielen Jahrhunderten unvergeßliche Kaiſerinn **Maria Thereſia** kam in dieſes Kloſter, im Geleite des römiſchen Königs **Joſeph**, des Erzherzogs Großherzogs, und der Erzherzoginnen **Maria Anna** und **Maria Chriſtina**.

Die Frau Oberinn gab der Erzherzoginn **Maria Anna** eine Bittſchrift an Ihre Majeſtät die Kaiſerinn, worinn man in aller Unterthänigkeit um die Unterſtützung bath, ein bequemeres Krankenhaus zum Behuf der armen Leidenden erbauen zu können Die Erzherzoginn verſprach, die Bittſchrift zu überreichen, und ſelbes mit ihrem gnä‍digſten Vorworte zu begleiten, und hielt Wort; denn **Maria Anna** ließ, wenns auf Worthalten ankam, auch die biederſten Männer zurück. Die Bittſchrift ward noch am nämlichen Tage nach dem Abendeſſen im gräfl. Roſen‍bergiſchen Hauſe der Kaiſerinn übergeben, und geleſen. Dieß gefällt mir, ſagte die huldreichſte Monarchinn,
dieß

dieß gefällt mir von den Elisabethinerinnen. Ich weiß, daß sie sehr arm sind. Gleichwohl bitten sie nichts für sich, sondern nur für die armen Kranken. Vor der Abreise aus Klagenfurt schickte die Kaiserinn dem Kloster hundert Dukaten, und jede gute Seele, die aus dem Vorhergehenden über die drückende Umstände dieses Hauses belehret ist, wird sich die Freude vorstellen, die in diesem Hause über das gnädige Geschenk wiederhallte, und jede wird auch die Hoffnungen, die in Absicht auf die Zukunft geschöpft wurden, einer uneigennützigen bedrängten Gemeinde zu gute halten.

Aber diese Hoffnungen waren Wasserblasen, die nach kurzer Zeit zerplatzten. Franz der Erste, römischer Kaiser, starb am 18. Aug. zu Innsbruck an einem Schlagfluß. Der Hof begab sich in der äußersten Verwirrung auseinander. Man kann es leicht begreifen, wie da alles aus seiner Ordnung kam, und welche Erinnerungen bey der Kaiserinn zurückstehen mußten, da durch geraume Zeit der einzige Gedanke, daß sie ihren so sehr geliebten Gemahl verloren habe, ihr Herz und ihre Seele beschäftigte. Kurz unsere Bittschrift ward vergessen, und der gewünschte Bau nicht angeordnet..

Gleichwohl hatten wir das schöne Glück, von der großen Kaiserinn, oder weil ihr die eingereichte Bittschrift wieder unter die Augen kam, oder weil sich Maria Theresia sonst bey Austheilung des Almosens für die Seelenruh ihres Franzes unserer Armuth erinnerte, mit einer Summe Geldes bald darnach beschenket zu werden. Die Hofdame Gräfinn Goes, kam von Wien, um ihre
Familie

Familie zu besuchen, und überreichte dem Kloster 2000 fl. mit dem Beysatze, daß wir täglich ein Vater unser sammt gegrüßet seyst du mit dem Psalme aus der Tiefe für 2 Abgeschiedene bethen sollen.

Daß sich unsere Bittschrift nicht ganz verloren habe, zeigte sich auch in der Folge; denn nach einiger Zeit erschien der Hofbefehl, über ein von dem Kloster angesuchtes Krankenhaus Ueberschläge zu verfassen. Die Ueberschläge wurden gemacht, und die ganze Summe der Baukösten belief sich auf 4200 fl. Damals stand Graf Gottfried von Heister dem Lande Kärnten als Landeshauptmann vor. Er hatte dem Kloster von jeher Gnade, Unterstützung und Wohlwollen angedeihen lassen. Er begleitete die gemachten Ueberschläge mit einem für das Kloster höchst vortheilhaften Gutachten. Aber die Staatskasse lag mit der Güte der Kaiserinn immer im Widerspruche. Die Stellen fiengen damals bereits an, über das Daseyn der Klöster ungünstige Gesinnungen zu schöpfen. Ein unvortheilhafter Bericht, der in dieser Sache an die Kaiserinn hinaufflief, hatte die Wirkung, daß der Bau des Krankenhauses wider alle Erwartung abgeschlagen ward.

Das Unglück pflegt die Menschen nur gar zu gern im Gedränge zu erreichen. Selten ereignet sich etwas Unangenehmes, dem nicht etwas eben so Unerwartetes, oder gar noch Schädlicheres auf dem Fuße nachfolget. Dieß war der Fall bey unserem Hause. Kaum verloren wir die Hoffnung zu dem Baue des Krankenhauses, als auch ein ungünstiges Ereigniß in unseren Einkünften eine traurige Schmälerung veranlasset hat. Unter der Mitregentschaft Josephs

Josephs des Zweyten wurden die Interessen der Staats: schulden von 5 auf 4 Procent herabgesetzt, was bey unserm Stiftungsfond gerade einen Verlust von 608 fl. ausmach: te. Eine solche Summe konnte das Kloster unmöglich ohne den schädlichsten Wirkungen entbehren. Es zeigten sich von allen Seiten die traurigsten Spuren dieses Ver: lustes. Man fieng an Schulden zu machen, und war auf dem ebenen Wege die Bestandtheile des Klosters, die ohne: hin immer äußerst schwach waren, zu Grunde zu richten.

In diesen elenden Umständen faßte man das Vertrau: en in die edle Denkungsart des Landeshauptmanns Grafen von Heister. Seine weitumfassende Kenntnisse verfielen auf einen außerordentlichen Plan, dem Kloster zu helfen. Er erhielt vom Hofe die Erlaubniß, daß sich die Oberinn in Person nacher Wien verfügen dürfte, um sich der Monarchinn zu Füßen zu legen, und ihre Kümmernisse vor: zutragen. Um die Reisekösten zu bestreiten, ließ er sich von seinem eigenen Vermögen herbey, und leitete den damaligen Bischof von Lavant, einen gebohrnen Grafen von Auersberg, unter welchem als salzburgischen Gene: ralvikar das Kloster stand, der ebenfals für die Bedürf: nisse der Menschheit von der Natur ein freygebiges Herz erhalten hat, zu eben diesem frommen Werk ohne Anstand ein. Der Landeshauptmann begab sich einen Manat frü: her nach Hof, um dem Gesuche der Oberinn und dem Wohl des Klosters durch seine Geschicklichkeit in dem Her: zen der Monarchinn den Weg vorzubereiten. Glücklicher Weise fand der Graf den 20. Jul. 1767 Gehör; gerade zu einer Zeit, da Maria Theresia so eben von den Kindes: pocken genesen war, und bey ihrer Wiederauflebung, die
sie

sie zum Theil den angestrengten Bittseufzern ihrer Unterthanen schuldig zu seyn gar wohl wußte, einen neuen noch einmal so dringenden Hang empfand, alle Menschen glücklich zu machen. Die Oberinn wurde mit ihren beyden Begleiterinnen, den Klosterfrauen Elisabeth Plasgt und Aloysia Englert außerordentlich gnädig empfangen. Man bath in einem allerunterthänigsten Vortrage eines Theils um die Erbauung des Krankenhauses, andern Theils um den Ersatz des fünften Procents, ohne welchem das Kloster keineswegs bestehen könnte.

Dieser Vortrag fiel der Monarchinn sehr stark auf, indem man ihr in Hinsicht des Klosterbaues die Ueberschläge niemal vorgeleget, sondern geradezu den unwahrhaften Umstand vorgebracht hatte, daß die Ueberschläge auf 40000 fl. sich verstiegen hätten. Man ermangelte nicht, der Kaiserinn das Wahre von der Sache vorzutragen, und ihr die Versicherung zu geben, daß das Gebäude lediglich auf die eingeschränkte Summe von 4200 fl. angeschlagen seye. Die vorenthaltenen Ueberschläge wurden auf den allerhöchsten Befehl alsogleich herbeygeschaffet, und die Summe der 4200 fl. wurde auf der Stelle bewilliget. Auch in Rücksicht des fünften Procents erklärte sich die huldreichste Monarchinn dahin, daß sie es auf 3 Jahre aus ihrem Kammerbeutel ersetzen wolle.

Nebst diesen großen Gunstbezeugungen, mit welchen Maria Theresia, so zu sagen, die Wünsche der Supplikantinnen gesättiget hat, ließ sie ihnen noch andere Ehren erweisen. Es ward ihnen beynahe alles Sehenswürdige in Wien gezeiget. Sie sahen die Schatzkammer, das

Zeug-

Zeughaus, die kaiserliche Gruft und vieles andere, was sich in Wien mit der äußersten Zufriedenheit sehen läßt. Sie wurden bey Hofe allen Erzherzoginnen, sogar der vierjährigen Tochter des römischen Königs, der kleinen Therese vorgestellet. Sie fuhren, vom Hofe bedient, in alle Klöster herum, kamen auch auf das kaiserliche Lustschloß Schönbrunn, woselbst sie bey der Erzherzoginn Maria Anna an der Tafel bewirthet wurden. Bey der Abreise der Oberinn, die im spätern Herbst erfolgte, vergaß die Monarchinn nicht, der Oberinn ein ergiebiges Reisegeld mitzugeben. Sie kam unter Jubel und Freuden im October in ihrem Kloster an, und alles frohlockte über die erhaltenen Gnaden, und frohern Aussichten.

Im Frühjahre 1768 fieng man demnach ganz langsam den Bau des neuen Krankenhauses an. Wie es aber größtentheils bey den Gebäuden gewöhnlich ist, daß die Ueberschläge zu gering gemacht werden, und daß man den Fehler allererst entdecket, wenn man schon im Bauen so weit gekommen ist, daß man nicht mehr zurücke kann; so giengs auch hier. Die rohen Mauern standen da, und das Geld war bereits bis auf den letzten Kreutzer verwendet. Man hatte den Muth nicht, dem allerhöchsten Hofe die Unzulänglichkeit vorzustellen. Es war also nichts anders zu thun, als die Vollendung des Gebäudes auf günstigere Zeiten zu verschieben. Es fand sich darüber hin eine Candidatinn, die ein Kapital mit sich brachte, und durch diese Unterstützung war man endlich im Stande, das Krankenhaus völlig herzustellen; aber doch nicht so, daß man es hätte beziehen können; denn dazu mangelten die innern Einrichtungen und das Holz für die Oefen.

Nicht

Nicht nur dieser Umstand beschwerte das Kloster, sondern es traf sich auch, daß alle schlimmen Umstände wieder zusammentrafen, um die Aussichten des Klosters zu verbittern. Der Ersatz des fünften Procents ward nach drey Jahren wieder verweigert. Das alte Krankenzimmer war indessen ein Gräul geworden. Die Krankenbetter und die Wäsche war ganz verrissen und unbrauchbar. Es fehlte am Gelde, diese unentbehrlichen Einrichtungen auszubessern. Aber man muß diesem Hause die Gerechtigkeit widerfahren lassen, daß es immer in dem Schutz Gottes stand, denn wann die Umstände am schlimmsten waren, kam immer eine unerwartete Rettung, und machte, daß man neuerdings Athem hohlen konnte. So gieng es auch hier. Die Tochter des Grafen Heister ward Stiftsdame von Innsbruck. Die Frau des geheimen Zahlmeister Mayers begleitete die Gräfinn nach dem Ort ihrer Bestimmung. Der Graf, der jede Gelegenheit benützte, um dem Kloster ersprießliche Dienste zu leisten, schickte die Frau von Mayer zu uns. Wir führten sie in das alte, unansehnliche und erarmte Krankenzimmer, wiesen ihr alle vorfindige Wäsche und Einrichtungen, und bathen sie dringend, daß sie bey der großmüthigsten Monarchinn um eine neue Unterstützung zu Beziehung des bessern Krankenzimmers einschreiten möchte. Die brave Frau versprach es, und nicht ohne Wirkung; denn wir erhielten zwölf Bettstätte mit dem vollkommenen Bettgewande, Leinenzeug und Zinn. Inzwischen stemmten sich noch immer nebst der abgängigen Beheitzung mehrere Umstände gegen die Beziehung des neuen Krankenhauses. Man kam also mit dieser Unterstützung nur so weit, daß acht Krankenbetten vollkommen neu aufgestellet wurden.

Um

Um die ältern Geräthschaften auszubessern, sammelte die rechtschaffene Klosterfrau Hortulana, welche die Apotheke unter ihrer Obsorge hatte, und sich durch erwiesene gute Dienste viele Freunde machte, so viele Beyträge von Wohlthätern, daß auch hier Rath geschaffet wurde.

Bey dieser Gelegenheit kann ich auch unsern Nachkömmlingen das schöne Werk einer unserer damahligen Layenschwester Susanne nicht vorenthalten. Dieses fromme Geschöpf aß bey Tische nichts als die Suppe, und das Rindfleisch. Den beschiedenen Theil des Gebratenen und das Gläschen Wein verkaufte sie um einige Kreutzer, mit Vorwissen der Oberinn, und versprach, davon dem Kloster einmal wohlzuthun. Die Gelegenheit zu dieser vorbehaltenen Wohlthat ergriff sie zur Zeit, als wir mit unserer Wäsche, wie ich oben gesagt habe, am äußersten waren. Ich selbst hatte durch 11 Jahre, bis ich nämlich das Amt einer Oberinn übernahm, die Sorge über die gesammte Klosterwäsche. Als ich diese Sorge auf mein Herz bekam, fand sich, daß die armen Klosterfrauen die sonst gewöhnliche Anzahl Hemden beynahe nicht zur Hälfte mehr hatten. Als ich das erstemal waschen ließ, wurden 40 Hemden als unbrauchbar ausgeschossen. Ich besserte an dem Leinzeug, so lang ein Faden hielt. Allein in die Länge reichte es nicht mehr zu. Aus Nichts war nichts zu machen. Mein Jammer war unsäglich. Da trat nun meine Schwester Susanne auf, gab mir ihre vom Munde ersparten 50 Gulden. Ich kaufte Flachs, machte einige Stückchen Leinwand, und half, wo es am nöthigsten war. Es fleckte aber weder für überall, noch für längere Zeiten.

ten. Die Oberinn mußte 500 Gulden borgen, um den allseitigen Abgang zu ersetzen.

Im Jahre 1769 ereignett sich der Fall, der gewisser Massen den Grund zu allen Glückseligkeiten legte, die dem Kloster bis diese Stunde zu Theile geworden sind. Die Erzherzoginn *Maria Anna* faßte den für Kärnten glücklichsten Entschluß nach dem Tode der Kaiserinn, ihrer Mutter, das Land Kärnten und unser armes Kloster zu ihrem Wohnsitz zu erwählen. Wir haben zum ewigen Andenken den ganzen Briefwechsel, den die höchstselige Erzherzoginn seit dieser Zeit mit dem Kloster unterhielt, als ein Heiligthum aufbewahret. Aber der Brief, worin die Fürstinn ihren seltnen Entschluß der Oberinn Agnes Kanburg kund machte, verdient bey dieser Gelegenheit wörtlich angeführt zu werden. Hier ist er:

Ehrwürdige Mutter!

„Nachdem ich nicht zweifle, daß Sie schon zu Kla„genfurt etwas von meinem Unternehmen werden ver„nommen haben, so will ich Sie selbst hier schriftlich „davon unterrichten, und mich jetzt und noch ferner in „Ihr andächtiges Gebeth empfehlen. Gott hat mir seine „Gnade gegeben, die Welt und ihre Eitelkeiten zu erken„nen, und dadurch mir die Stärke ertheilet, den Ent„schluß zu fassen, mein Leben, zwar nicht als Kloster„frau, doch in der Einsamkeit und in dem Dienst des „Nächsten zu schließen. Ich habe dazu Klagenfurt, und „zwar Sie und Ihre frommen Schwestern ausgesucht, „hoffend, daß mein unvollkommener Werth durch Ihre „guten

„ guten Beyspiele angeeifert, meine Seligkeit mir gewiß
„ versichern werden. Bis Dato erhält mich noch allhier
„ meine Schuldigkeit zu den Füßen meiner Frau Mutter.
„ Seyen Sie aber versichert, daß, wenn ich das Unglück
„ haben soll, sie zu verlieren, mich nichts mehr hier auf-
„ halten soll! Indessen bitte ich Sie, sich nicht zu ver-
„ wundern, wenn man Ihr Haus und Ihre Zimmer be-
„ sieht, oder abmißt, und versichert zu seyn, daß Ihnen
„ kein Schaden oder Ungelegenheit dadurch geschehen wird.
„ Soll das Eine oder das Andere sich dennoch ereignen,
„ so bitte ich Sie, mir es gleich zu wissen zu thun; indem
„ ich nichts als das Beßte des Klosters und des Landes
„ suche. Ich bitte Sie alle insgesammt, für mich zu
„ bethen, und Sie besonders, meine liebe würdige Mut-
„ ter, bitte ich, mich Ihrer Freundschaft versichern zu
„ dürfen, und mich als eine unwürdige Sünderinn in
„ Ihren Schutz zu nehmen, die ich stets verharre

Dero

getreue
Marianna."

Diese allergnädigste Zuschrift der Erzherzoginn war
bey uns im Triumphe aufgenommen; denn sie war ganz
geeignet, uns in die Zukunft einen Blick der vollwichtig-
sten Hoffnung zu eröffnen. Der Entschluß der frommen
Fürstinn bewies sich gleich in seiner vollen Ernsthaftigkeit;
den kurz nach dieser schriftlichen Erinnerung wurde das
ganze Kloster, der Garten und alles, bis auf die Kirche
abgemessen. Der Hof erkaufte den sogenannten Magi-
schen Garten sammt den daranstoßenden Feldern. Der
Plan

Plan zur künftigen Hofstatt wurde sogleich verfaßt, genehmigt, und mit dem Baue der Anfang gemacht. Man nahm zu diesem Gebäude auch einen Theil von unserm Garten, so, daß wir in die Nothwendigkeit versetzt wurden, den Kirchhof für unsere abgeschiedenen Pfleglinge anderswohin zu versetzen. Es wurde ferner ein Gebäude nächst der Sakristen, welches zwey Zimmer und eine Küche hatte, ganz abgebrochen. Neben diesem Gebäude stand ein Gang, der am Ende gegen den Maylschen Garten zu in die Runde gieng. Er war von der Gassenseite gemauert, und von der Klosterseite nur verblankt. In diesem Gang war der Kreutzweg für die Klosterfrauen aufgestellet. Dieser Gang wurde abgebrochen, und die Mauer dort, wo sie vorhin in die Rundung gieng, gerade fort bis zu der Residenz geführt, um dem Hofgebäude den Zusammenhang mit dem Bethzimmer des Klosters zu geben, wie es für den Gebrauch einer sich der grossen Welt entzogenen Erzherzoginn, der alle Minuten ein bedeckter Zugang in die Kirche und in das Kloster offen stehen mußte, unentbehrlich war. Für den Grund des Gartens und des Kirchhofs erhielt das Kloster vom Hofe 400 fl. Das nächst der Sakristen niedergerissene Gebäude versprach man wiederum herzustellen. Es geschah jedoch in der Folge nur mit Errichtung eines einzigen Zimmers. Was den abgebrochenen Gang betrift, verlautete es immer, daß nach dem Tode der Erzherzoginn die Thür, die von der Hofstatt in denselben führet, zugemauert werden könne, und der Gang dem Kloster als Eigenthum zu bleiben habe. Die höchstselige Erzherzoginn bestättigte es in ihrem Leben wohl hundertmal. Allein da man sich diesen natürlichen Fall so ungern und so weit hinausdachte, auch

den

bey dem Anfange des Gebäudes nicht vorhersah, daß mündliche Versicherungen zu seiner Zeit umgestoßen werden könnten, und somit einen förmlichen Vertrag zu errichten vernachläßigte, so hat diese Angelegenheit ganz gegen alle Vermuthung eine für das Kloster sehr bedauerliche Wendung genommen.

So tröstend nun damals, als man mit so vielem Eifer an das Gebäude Hand anlegen sah, die Aussichten für das Kloster waren, so wenig war demselben in der gegenwärtigen dringenden Noth damit geholfen. Ja! man muß mit Wahrheit gestehen, daß diese schmeichelhafte Hoffnung der Zukunft unsere gute Vorsteherinn zu einigen Verwendungen verleitet habe, die in den damaligen Zeiten den Umständen des Klosters gar nicht angemessen waren. Der Wohlstand des Klosters kam dergestalt in Verfall, daß wir abermals die zu unserm Unterhalte nothwendigsten Bedürfnisse nicht mehr bezahlen konnten. Ich finde, daß ich über dieses Benehmen der damaligen Obrigkeit um so weniger Arges denken darf, weil mir gar nicht unbewußt ist, daß die Hoffnung in tausend Fällen die weisesten Menschen betrüge, und vor dieser schädlichen Lockspeise oft die schon gemachte Erfahrung nicht einmal sichere.

Was dem Kloster um diese Zeit einen empfindlichen Stoß gab, war die Beförderung des Grafen Heister zum Statthalter von Tyrol. Das Kloster verlor an ihm eine Stütze und einen Freund, dem dessen Bestes am Herzen lag. Die Vorsicht ersetzte uns hierin einigermaßen den Verlust mit dem Herrn von Heudel, der eben um diese Zeit bey der Landstelle in Kärnten angestellt wurde. Die

C

Oberinn

Oberinn machte ihn zum Theil mit der unglücklichen Lage des Klosters bekannt, und, da er im Begrif war, nach Wien zu reisen, bath sie ihn um Unterstützung bey der Kaiserinn. Dieser entschlossene Mann sagte der Kaiserinn unter andern Dingen geradehin: Wenn Euer Majestät den Elisabethinerinnen nicht helfen, so wird man bald die Pforte aufmachen müssen, und sie essen gehen lassen, wohin sie wollen. Die Oberinn erhielt bald darnach den Befehl, ihre Schulden genau anzugeben. Es wurde auch eine Untersuchung vorgekehret. Und hier wäre die schicklichste Gelegenheit gewesen, seine wahre Blöße zu zeigen; denn in den Augenblicken der Gnade kommt es oft nicht auf mehr oder weniger an, wenn der Abstand nur nicht gar zu groß ist. Aber Menschenfurcht mochte vermuthlich die Ursache gewesen seyn, warum man eben hier der schreyenden Dürftigkeit einen Mantel umhieng, und den Schuldenstand nur auf 2000 fl. bestimmte, da ich doch zuverläßig weiß, daß man um diese Zeit dem Metzger allein für schon genossenes Fleisch 1400 fl. schuldig, auch sonst noch bey mehreren Parteyen in der Klemme, und mit völlig leeren Händen dem Rückfalle in die dorigen Schulden am nächsten war.

Die 2000 fl. wurden der Oberinn ohne weiters angeschaffet, und man glaubte nun von Seiten des Hofes und der Stellen, daß uns um so mehr auf allezeit geholfen sey, da wir neuerdings auf 2 Jahre den Ersatz des fünften Procents aus dem Kammerbeutel erhielten. Noch überdieß, als um diese Zeit eine kaiserliche Kammerdienerinn durch Kärnten reisete, erinnerte sich Maria Theresia unserer Armuth und schickte uns 50 Dukaten. Aber alle diese Beyträge

träge waren nicht hinlänglich, uns in der Folge vor Mangel zu schützen, da nach 2 Jahren der Ersatz des fünften Procents wieder ausblieb.

Die Erzherzoginn Marianna bezeigte in dieser Zwischenzeit dem Kloster auffallende Beyspiele ihrer herzlichen Gewogenheit. Sie gab der Oberinn in Rücksicht ihres hiesigen Gebäudes manche Aufträge an den Baron v. Herwert, und späterhin an den Grafen v. Cristalnigg. In diesem Briefwechsel gab sie der Oberinn sehr oft zu verstehen, wie gern sie uns helfen möchte. Sie sprach zu jedem, der von hier nach Wien kam, von unserer Armuth, und sagte mehrmals: „Jetzt kann ich ihnen nichts thun; wenn ich „aber einmal zu ihnen komme, werde ich ihnen schon „helfen." Eine Kandidatinn von Wien, welche sich vor ihrer Abreise der Erzherzoginn zu Füßen legte, fragte Höchstdieselbe sogleich, ob sie Geld habe? weil wir sehr arm wären. Sie schenkte ihr dann auch ein schönes Brautkleid. Die Erzherzoginn schickte der Oberinn auf die Nachricht, daß das Gebäude alhier in vollkommenem Stande seye, 12 Dukaten. Unserer Kirche nahm sie sich schon damals thätig an. Wir erhielten zwey gestickte Versehbeutel und einen Mantel für das Ciborium, von ihren eigenen Händen verfertiget. Ein andermal schickte sie uns einige Ueberbleibsel der Heiligen. Sie verlangte ferner zu wissen, wie viel Altäre wir in unserer Kirche hätten? die Frage war nicht umsonst; denn bald darnach empfingen wir mehrere Kirchenornate von verschiedenen Farben mit 6 schönen Alben. Sie ließ auch jährlich in der Octav des heiligen Franzes einen Jahrtag halten, gab uns dazu einen eigenen Ornat von schwarzem Sammet und Silberstoff, bezahlte auch

mit

mit 27 fl. die Unkosten des Jahrtages. Im September 1780 entdeckte Sie der Oberinn den Wunsch, daß das neue Krankenzimmer doch einmal bezogen werden möchte; und da der Abgang an Holz immer ein gegründeter Vorwand war, so gab sie der Oberinn 100 fl., diese Kosten zu bestreiten. Dieß war das Zeichen zur Eröffnung des neuen Krankenzimmers. Bey dieser Gelegenheit wurden 2 schon vorhin gestiftete Krankenbetten errichtet, und am 15ten October, als die Oberinn schon sehr krank lag, geschah die Besitznahme des neuen Krankenzimmers mit 10 Betten. Es sind nämlich in diesem Jahre 3 neue Krankenbetten errichtet worden: eines mit Nro. 8. von der Stifterinn, Agnes v. Pirkenau, für 800 fl. vom Jahre 1759, die beiden andern vom Herrn Marcati aus Wien für 2000 fl. vom Jahre 1766, unter den Numern 9 und 10.

Ich komme jetzt wieder in eine frühere Zeitrechnung zurück, wo wir den Ersatz des fünften Procents zum zweitenmale verloren haben: zu diesem Unglück gesellte sich der Fall, daß um diese Zeit unserm Hause von allen Seiten verschiedene Baubesserungen vonnöthen waren: wir sahen uns gegen eine Feuersgefahr äußerst schlecht verwahrt, weil über den Zellen kein Pflaster lag, und die wenigsten Schornsteine über das Dach ausgeführt waren. Wir erhielten einen Befehl nach dem andern, der drohenden Gefahr vorzubeugen, allein! der Himmel weiß es, eine ergiebige Summe Geldes wäre bey diesen Umständen zweckmäßiger, als alle Befehle gewesen. Der Hof kannte ja unsere mißliche Lage, die keinesweges hinreichte, Befehle zu vollziehen, die wir, wenn es in unsern Kräften gestanden hätte, sicher nicht abgewartet haben würden.

Unsere

Unsere Armuth war die Geschichte fast des ganzen österreichischen Staates. Bey Hofe kam die Rede davon unzähligemal vor, und hatte endlich die schiefe Wirkung, daß man uns den Auftrag machte, keine Kandidatinn ohne Geld anzunehmen. Wir bräuchten Leute, und die mit Gelde meldeten sich nur selten. Wir hatten eben damals eine arme Person, die schon lange ihrer Einkleidung entgegen sah. Was wir aber auch versuchten, mit dieser Person unsere Absicht zu erreichen, war vergebens; denn man kam uns allezeit mit dem Bescheide entgegen, daß wir ja nicht arme Mädchen aufnehmen sollten, weil wir ohnehin kaum leben könnten. Wer von unserer Verfassung nur die kleinste Kenntniß hat, wird wissen, daß wir bey Aufnahme der Kandidatinnen eher auf Alles, als auf Geld Rücksicht nehmen müssen, da uns nichts so unentbehrlich ist, als arbeitsame, dauerhafte Menschen; Menschen, die Geist und Geschmack an der Pflegung elender Mitmenschen besitzen.

Dießmal half uns der damalige Landeshauptmann, Graf Vinzenz von Rosenberg, aus der Klemme. Er kam nach Wien und wirkte uns die Erlaubniß aus, endlich eine Person einzukleiden, die schon 4 Jahre hindurch nichts sehnlicher als dieß gewünscht hatte.

Die Geschichte unsrer Armuth hatte bey Hofe auch noch eine andere sehr traurige Wirkung. Damit immer etwas zu suchen hätten, und man mit uns, wie man meinte, niemals fertig werden könnte, so trug man von Seite der Stellen dahin an, daß man unser Kloster aufheben, und die Personen in andere Klöster vertheilen sollte. So

gut

gut Maria Theresia für unser Haus sonst dachte, ward sie gleichwohl durch einen vermuthlich sehr feinen Vortrag irre geleitet, diesen Entschluß zu fassen. Sie hatte sich vorgenommen, dem ersten Staatsrathe beyzuwohnen, und die Vernichtung unsers Hauses anzubefehlen. Der Schutzgeist, der diesen Schluß von uns abhielt, war die Erzherzoginn Marianna. Die Kaiserinn erklärte sich dießfalls gegen ihre Tochter am Abend vor dem Tage, an dem unsere Auflösung anbefohlen werden sollte, und diese Erklärung ward mit den ungnädigsten Ausdrücken begleitet. Marianna warf sich ihrer Mutter zu Füßen, und bath, uns an unserm Platze zu lassen, mit dem heiligsten Versprechen, uns gewiß ganz aus der Presse zu helfen, wenn sie jemals ins Kärnten kommen sollte. Diese Begebenheit hörten wir von der höchstseligen Erzherzoginn umständlich, und der Schlag würde ohne ihre großmüthige Dazwischenkunft unfehlbar erfolgt seyn.

Hat uns aber gleich dieser Donnerschlag damals nicht getroffen, so waren wir doch immer in lauter Gewitterwolken eingehüllet. Wir lebten von einer Woche auf die andere. So wie die Oberinn das Geld von einem Quartale erhielt, war es zur Hälfte schon vorher aufgezehret. Tilgte sie also damit den Ausstand, so mußte der Unterhalt auf das übrige halbe Quartal schon abermals geborgt werden. So giengs in einem Laufe fort. Die Dienstboten hatten ihren Lohn zu fordern; der Metzger gab das Fleisch auf die Kreide; die Bauern lieferten das Getreide auf Kredit; der Becker, der Salzverleger, der Müller, alle wurden unsere großmüthigen Gläubiger. Die Wäsche kam abermals in gänzlichen Verfall. Die Gläubiger waren manch-

manchmal so ungestüm, daß man Geld aufleihen mußte, um andere Schulden zu bezahlen. Wir hatten damals Damen in der Kost und Wohnung. Diese mußten für ihr baares Geld bedienet werden; es geschah. Aber wie traurig es war, andern nach Gebühr das Erforderliche bey solcher Armuth herbeyzuschaffen, und für uns an allem dem dringendsten Abgang auszuhalten, kann nur ein Mensch empfinden, der an diesem Umstande Antheil hatte.

Ich würde eine Unwahrheit sagen, wenn ich vorgäbe, daß wir in dieser Zeit Hunger gelitten hätten; daß wir aber die elendeste Kost von der Welt hatten, erinnere ich mich noch sehr gut. Man kann sich vorstellen, wie winzig unsere Mahlzeiten waren, wenn ich versichere, daß sehr oft, als wir im Speisezimmer schon unsere Suppe aufgesetzt hatten, in der Küche noch das Schmalz mangelte, uns eine eßbare Mehlspeise zu geben, und daß wir somit die Zeit abwarten mußten, bis man das Abgängige etwa in der Nachbarschaft mühsam entlehnt hatte.

Es konnte bey diesen Umständen nicht anders kommen, als daß unsere üble Wirthschaft an allen Orten bekannt werden mußte. Wir verloren das Vertrauen, und fast Niemand wollte ferner borgen. Unsern Dienstboten, die unsere äußerste Noth mit Augen sahen, muß ich die Gerechtigkeit widerfahren lassen, daß sie Mitleid hatten, und der Küchenmeisterinn oft ihren letzten Pfennig vorstreckten, damit sie an den Tagen des Wochenmarktes die unentbehrlichsten Dinge einkaufen konnte. Selbst die Klosterfrauen, wenn ja eine einen Kreuzer Geld im Sacke hatte, gab ihn der Küchenmeisterinn, damit sie manchmal

ein

ein Pfund Schmalz herbeyschaffen möchte, da man uns schon keins borgen wollte. Ich getraue mir zu versichern, daß wir in diesen Zeiten so vielfältigen Mangel gelitten, daß es beynahe keine andere Gemeinde ohne Gährung würde ausgehalten haben. Sehr oft, wenn wir an unserm Bethstuhle das Vaterunser betheten, und an die Worte kamen: „Gieb uns heut unser tägliches Brod!" — vermischten wir unsere Worte mit Thränen, weil wir die Ungewißheit innerlich fühlten, ob wir auch morgen zu essen haben würden, oder nicht? Das Bewußtseyn, ein so hartes Schicksal nicht verdient zu haben, erschütterte unsre Herzen, und wir sahen der Zukunft und dem Schlusse des Himmels, der uns einst bessere Tage geben sollte, mit Furcht und Zittern entgegen.

Unter diesen Beklemmungen schrieb die Erzherzoginn Marianna von Wien, daß Ihro Majestät die Kaiserinn eine Reise nach Triest und Görz vorzunehmen beschlossen, Ihre Königl. Hoheit aber die Erlaubniß erhalten hätten, in dieser Zwischenzeit, wo der allerhöchste Hof von der Hauptstadt abwesend seyn würde, sich in Klagenfurt zu verweilen. Wir hatten also die frohe Aussicht, unsere große Gönnerinn wenigstens auf 6 Wochen bey uns zu haben. Unbeschreiblich war der Jubel, den wir über diese Nachricht anstimmten; denn wir dachten, daß bey dieser Gelegenheit die Erzherzoginn mit unsern Umständen vertraut gemacht, und durch unsere Vorstellungen ganz eingeleitet werden würde, um zu einer beharrlichern Gründung unsers dürftigen Hauses die Mittlerinn bey ihrer großen Mutter zu werden. Wer in der Welt konnte uns diesen Trost, diese Hoffnung, diese außerordentliche Freude verdenken?

denken? Gewiß jeder redliche Mensch vergönnte uns diese schmeichelhafte Aussicht, und freute sich mit uns auf den Augenblick unsrer Erholung. Er schien schon nahe zu seyn. Der Hofstaat war in vollkommener Vorbereitung bis auf einige Zimmergeräthschaften für die Erzherzoginn und ihre Leute. Auf Befehl derselben ward dann auch der Mangel alsobald ergänzet; selbst unser Kloster wurde neu überweißet, die Böden gerieben und alles gereinigt, um sie so nett zu empfangen, als es ihrer Würde anpassend möglich war.

Aber die Menschen sollten es ja vom Anbeginn der Welt wissen, daß aus hundert frohen Erwartungen, auf welche sie sich so kindisch freuen, kaum eine einzige eintreffe. Als man der Ankunft der Erzherzoginn im sichersten Taumel der Freude entgegen sah, schrieb die liebe Fürstinn, in Ausdrücken, die voller Trübsinn waren, daß die Reise der Kaiserinn, wegen einen unbedeutenden Husten, nicht nur aufgeschoben, sondern ganz abgeschaffet worden sey. Wer es jemals erfahren hat, wie es den Menschen angreife, wenn er von der Höhe seiner glücklichsten Hoffnungen so blitzmäßig herabgeschleudert wird, kann sich auch hier unsere Lage vorstellen.

Inzwischen erreichte unsere Noth die höchsten Stufen. Es kam die heilige Fastenzeit des Jahres 1780, die wir nie wieder vergessen werden. Unsere Speisekammer war zum Hungern, aber nicht zum Fasten eingerichtet; weder Mehl zum Brodbacken, noch Greiselwerk zu finden. Wir wendeten uns an unsern Beichtvater Joseph v. Edlingen. Das Glück fügte es, daß wir damals von dieser Seite mit einem Manne versehen waren, dem Kopf und Herz am rechten

ten Flecke standen, der Gegenwart des Geistes und für alle Fälle ausdaurenden Muth besaß. Wir bathen ihn, er möchte, da nun einmal unsere Noth die äußerste sey und alle guten Aussichten sich hinter einen dicken Nebel in die Entfernung gezogen hätten, die Oberinn bereden, daß sie einem Manne, dem sie Geld geliehen hatte, das sogar nicht einmal sicher lag, das Kapital aufkünden, hiermit einerseits die schreyendsten Schulden bezahlen, und andrerseits die unentbehrlichsten Hausbedürfnisse beyschaffen solle. Der Vorschlag war einigermaßen passend, aber nur in der Angst ohne vollkommene Ueberlegung gemacht. Dieses Geld war nur nach halbjähriger Aufkündung zahlbar, wenn wir auch das Glück gehabt hätten, von dem Manne befriedigt zu werden. Die Oberinn zerfloß in Thränen, als ihr der Vortrag gemacht wurde, bekannte ganz offenherzig, daß sie sich nicht mehr zu helfen wisse, und brachte durch ihre Zaghaftigkeit uns noch tiefer in Verzweiflung. Wir nahmen dann auch nicht den geringsten Anstand, unsere beugende Armuth, die schon nahe an den Hunger gränzte, unsern Freunden bekannt zu machen, so sorgfältig wir sonst den hohen Grad der Armuth verborgen hielten. Unser Herr Beichtvater wußte schon alles, und am nämlichen Tage erfuhr es auch unser Leibarzt, Herr Doktor Göggel, dem wir noch aus mehrern Ursachen unendliche Verbindlichkeiten schuldig sind. Als ich ihm aufstieß, antwortete ich ihm auf die Frage: Wie es uns gehe? mit graden Worten, daß wir nichts mehr zu essen hätten. Ich bath ihn um Mitleid und Verwendung bey gefühlvollen Menschen der Stadt. Mit innigster Rührung und Gutherzigkeit, die den Zug seines edeln Herzens ausmachten, versprach er mir, sein Möglichstes zu thun.

Joseph

Joseph von Edlingen und Herr Doctor Göggel forderten durch die getreue Schilderung unsers Jammers die ganze Welt zu Mitleid und Erbarmen auf. Ersterer fieng gleich, nach seiner Gewohnheit, in allen Dingen den geradesten Weg zu nehmen, damit an, daß er Sammlungen vom Gelde machte, welches er nicht der Oberinn, sondern der Küche übergab, um eilends sich behelfen zu können. Noch am Tage, da wir unsere Armuth verlautbaren ließen, erhielten wir von der Frau von Plattenfeld Fleisch, Reiß und Eyer. Die Stadt ward aufmerksam, bewunderte die Standhaftigkeit, mit der wir unser Schicksal so lange verborgen hielten. Täglich schickte man uns verschiedene Eßwaaren aus der Stadt in ergiebiger Menge zu. Wir erhielten sie an der Pforte, sehr oft ohne zu erfahren, wer unsere Wohlthäter wären. Dieser Vorgang kam unter den Adel. Der Landeshauptmann, Graf Vincenz von Orsini und Rosenberg kam im Geleite eines anderen Edelmannes eilends in das Kloster, und forschte bey der Oberinn nach dem Grund des so allgemein ausgebrochenen Geschreyes von unserer Dürftigkeit. Sie bewies dann auf der Stelle, daß der schon durch zwey Jahre ausgebliebene Ersatz des fünften Procentes, ohne noch andere Umstände dazu zu rechnen, uns in diese üble Lage habe stürzen müssen. Nicht nur allein die Oberinn, sondern mehrere bey dieser Gelegenheit gegenwärtige Klosterfrauen bathen Se. Excellenz gemeinschaftlich, daß sie geruhen möchten, sich bey der huldreichen Monarchinn anzunehmen, und die Sachen so einzuleiten, daß doch einmal auf Mittel gedacht würde, womit uns beharrlich geholfen wäre; daß man doch thätige Mittel bey unserer schlechten Stiftung anwenden möchte, damit

mit wir nicht durch jeden Zufall in die alte Verlegenheit
gerathen müßten. Der Landeshauptmann nahm den
Entschluß, die Kaiserinn zu bitten, daß Sie uns eine
Sammlung im Lande verstatte, und das fünfte Procent
abermals ersetzet würde.

Da wir zu dem erstern die Erlaubniß richtig erhielten, wurde allen Pfarrherren die Weisung gegeben, daß
sie auf öffentlicher Kanzel das Volk zu milden Beyträgen
für unser Institut bereden sollen. Wie pünktlich die Herren Seelsorger diesen Auftrag vollzogen haben, bewies
die Folge. Wir erhielten von ihnen aus allen Orten kleine Beyträge an Geld, und in verschiedenen Gattungen
von Getreide. Die ergiebigsten Beyträge liefen aber
immer von Tag zu Tag aus der Stadt zu unserm Barshell
ein. Der Adel und die Bürger wetteiferten, um uns in
der Noth nicht schmachten zu lassen. Ueberhaupt wünschte ich, alle unsere Wohlthäter zum ewigen Angedenken
hier aufzeichnen zu können. Allein die Geschenke kamen
fast allzeit ohne Namen. Diejenigen aber, die wir ganz
leicht erriethen, und die sich durch ihre Freygebigkeit besonders auszeichneten, waren die Stifte Viktring, Eis-
sen, St. Pauls Gurk. Auch von Straßburg erschienen
Beyträge. Baron von Kaiserstein, Hr. von Styphlen-
dorf und von Thys waren in ihren großmüthigen Geschen-
ken nicht unkennbar. Wie tief wir durch diese Einflüsse
gerührt waren, wie brünstig wir der Vorsicht dafür dankten, kann sich nur jener vorstellen, der jemals im Falle
war, bittere Noth zu leiden. Ich kann hier nicht unterlassen, eine Handlung aufzuzeichnen, die wenigstens mir
durch ihre Reize Thränen in die Augen lockte. Zween
Hand-

Handwerkspursche (O daß es ihnen allzeit seit jenem Augenblicke wohl ergangen seyn möge!) reichten der Portnerinn ein Siebenkreutzerstück, und bathen, daß wir diese kleine Gabe ja nicht verschmähen sollten, indem sie uns Segen bringen würde. Es war wirklich so, wie die guten Leute vorhersagten; denn noch am nämlichen Tage flossen mehr als 80 fl. von verschiedenen ungenannten Wohlthätern in unsere Kasse ein. Ja das Gute kam jetzt sehr häufig. Am 1. November im Jahre 1780 ward uns nicht nur allein der fünfte Procent wiederum auf zwey Jahre zugesagt, sondern die großmüthige Kaiserinn gab uns auch den Ersatz von den vorigen zwey Jahren mit 1216 fl. Das Kloster fieng nun an, wie ein genesender Kranke frisch zu athmen und neue Kräfte zu bekommen. Es konnte nun seine täglichen Bedürfnisse bezahlen. Es schaffte sich Vorräthe, und schien sich allenthalben auf längere Zeit vor einem neuen sogestaltigen Abgrund zu sichern.

Durch diese Zeit hat die Oberinn Agnes schon immer gekränkelt. Allein durch einige Monate hielt man den Umstand für unbedeutend. Endlich aber entdeckte sich doch eine große Erhärtung am Unterleibe, und die hellen Spuren einer Wassersucht zeigten sich sichtbar an ihr. Sie hat lang und gewiß nicht geringe Schmerzen ausgehalten. Sie lag schon lange und ohne Hoffnung darnieder, als die unvermuthete schreckbare Nachricht alle gutgesinnten Unterthanen des Erzhauses Oesterreich aus der Fassung brachte. Die Große, unvergeßliche Maria Theresia, der Stolz ihres Geschlechts und ihrer Völker, sey verstorben.

Hatte

Hatte dieser höchstschreckbare Todesfall für alle österreichische Staaten einerseits den tiefsten und traurigsten Eindruck gemacht: so kann man andrerseits nicht läugnen, daß bey dieser Gelegenheit für das Land Kärnten überhaupt, und besonders für unser Kloster ein neuer Schein der Hoffnung sich gezeiget habe. Es kam darauf an, ob die Erzherzoginn den Entschluß, den sie einmal gefaßt hatte, sich nach dem Tode ihrer verewigten Mutter nach Klagenfurt zu begeben, und daselbst ihre Tage zu verleben, annoch auszuführen dächte. Wir konnten also nach der erhaltenen Nachricht von dem Hinscheiden der Kaiserinn Maria Theresia den ersten Posttag kaum erwarten. Er kam und brachte uns folgendes Handschreiben von der Erzherzoginn mit:

„Wien den 30. Nov. 1780."
„Wir haben das größte aller unglücklichen Schick-
„sale erleben müssen. Gott hat meine größten, liebsten,
„meine einzigen Bande aufgelöset, und ich gehöre Ihnen
„jetzt allein. Ich kann es noch nicht sagen, wie und
„wann ich unter Ihrem Schutze meine beständige Ruhe
„suchen werde. Bethen Sie zu Gott für meine unver-
„gleichliche Mutter, und für mich, die ich lebenslänglich
„verharren werde

Dero
gehorsame Tochter
Marianna."

Es ist unaussprechlich, welch einen heftigen Eindruck dieses Schreiben in dem Gemüthe der todtkranken Oberinn gemacht habe. Nach einem Kummer so vieler Jahre, nach

nach tausend so heftigen Wünschen, mit welchen sie der endlichen Ankunft Mariannens entgegen sah, fand sich endlich der Zeitpunkt, wo sich uns diese glänzende Aussicht in der Nähe darstellte, und gerade da fühlte sich die arme Oberinn Agnes Kühnburg in der Lage, dieses Glück nicht erwarten zu können; steht, wie unsere Urgroßväter Moses und Aaron am Berge, und der Todesengel erlaubt ihr nur noch einen Blick in das gelobte Land. Bitterlich weinte sie über dieses unangenehme Verhältniß, und bath die ewige Gottheit mit erhobenen Händen, ihr die Lebenstage nur noch so lange zu fristen, bis die Erzherzoginn kommen würde, um ihr noch sterbend ihre arme Gemeinde empfehlen zu können. Was es auch Mühe und Anstrengung kostete, erhob sie sich gleichwohl, und beantwortete mit hochgeschwollenen Händen das allergnädigste Schreiben der Erzherzoginn. Indessen schrieb die Erzherzoginn abermal, und bedeutete uns, daß es noch einige Anstände und Hindernisse gäbe, die allenthalben eher gehoben seyn müßten, um uns bestimmt sagen zu können, woran wir wären. Diese Anstände, wie wir es nach der Hand aus den mündlichen Erzählungen Mariannens erfuhren, bestanden in einem Befehle, den ihr die sterbende Kaiserinn am Todbette gab, nicht von Wien wegzugehen, wenn es der Bruder, Joseph der Zweyte, etwa wünschen möchte, daß seine ältere Schwester sich bey ihm aufhalten soll. Allein mit dem Anfange des Jahres 1781 verlangte Joseph der Zweyte von Mariannen schriftlich die Aeußerung, ob sie nach Prag oder nach Klagenfurt wolle? Nun hielt sich die Erzherzoginn für frey, ihrer Neigung zu folgen, und erklärte sich für — Klagenfurt. Noch ehe als der Monat Jäner zur

Hälfte

Hälfte war, bekam der Graf Ernst Kaunitz den Auftrag, beyde Häuser, in Klagenfurt und Innsbruck, wohin die Erzherzoginn Elisabeth bestimmet würde, zu untersuchen, und die etwaigen Mängel zu verbessern, damit nicht die Abreise beyder Erzherzoginnen durch ein dießfälliges Hinderniß weiter hinaus geschoben werden dürfte. Ernst Kaunitz hatte den Hofkammerfourier Lenoble bey sich. Er besuchte das Kloster. Die todtkranke Oberinn konnte ihn nicht mehr sehen. Ich erhielt den Befehl, dem Grafen alles zu weisen. Ich führte ihn allenthalben herum. Bey dieser Gelegenheit äußerte ich mich mit noch mehreren Klosterfrauen, daß wir uns gewissermassen vor der Ankunft der Erzherzoginn fürchteten, und scheuten uns auch nicht, den Herrn Grafen von unserer ganzen Lage zu unterrichten. Er tröstete uns aber, machte uns von der Güte und von der Wohlthätigkeit Mariannens so lebhafte Schilderungen, daß er uns völlig aufrichtete.

Die Erzherzoginn schrieb uns selbst, wie nach allen gehobenen Hindernissen es allerdings wahrscheinlich sey, daß sie bereits im April bey uns eintreffen werde. Die arme Oberinn müßte den Gedanken aufgeben, diesen Zeitpunkt zu erleben. Sie hatte gewiß ihrem Gott in ihrem ganzen Leben kein größers Opfer gebracht. Sie starb am 27. Hornung um 4 Uhr Morgens, nachdem sie 20 Jahre und 8 Monate dem Kloster vorgestanden, und in dieser Zeitläufte alle Bitterkeiten dieses Amtes verkostet hat. Gott lasse ihre Seele im Frieden ruhen! Kurz vor ihrem Tode erhielten wir eine unvermuthete Erbschaft von 300 fl. Die Gebahrung darüber, so wie überhaupt die Lei-
tung

tung des Klosters blieb bis zur künftigen Wahl in den Händen der Frau Untermutter Rosa.

Fürst Schrattenbach, Bischof zu Lavant, der gegen Ende des Monats März 1781 von seiner Residenz in Salzburg über Wien zurückkam, sagte, daß die Erzherzoginn bey ihrer Ankunft eine neugewählte Oberinn anzutreffen wünsche. Er befahl also, daß wir uns zur Wahl gefaßt machen sollen. Am 18. April nahmen Se. fürstl. Gnaden in eigener Person die vorläufige Untersuchung vor. Am 19. gieng die Wahl vor sich, und sie fiel auf meine Person aus. Nichts von allem dem, was ich da dachte; nichts von allen den Gefühlen, die an diesem und den nachfolgenden Tagen mein Innerstes durchwühlten! Es würde manchen Menschen übertrieben und unglaubbar scheinen; aber Freunde, die mein Herz, die meine Denkungsart kannten, hatten wahres Mitleid mit mir. Ich durchsah die mißliche Lage, in die man mich hineingeworfen hatte, ganz; ich hatte eine außerordentliche Furcht vor der Ankunft des Hofes, und obendrein einen siechen Körper. Kurz, ich glaubte mich zu allen Dingen, die meiner zu warten schienen, an Seel und Leibe zu schwach. Graf Cristalnigg, der Wirthschaftsrath der Erzherzoginn Hr. von Schlager, mehrere vom Adel aus der Stadt kamen, um mich aufzumuntern, und mir Muth einzusprechen. Ich war aber zu sehr aus meiner Fassung, um von diesen wohlthätigen Bemühungen Gebrauch machen zu können.

Die Baarschaft, die man mir von Seite des Klosters einhändigte, bestand in 118 fl. Allein gleich Tags darauf

darauf war schon für das, was bey Gelegenheit der Wahl aufgieng, ein Conto von 20 fl. zu bezahlen da. Der Holzbauer kam auch, der neuerwählten Oberinn zu ihrer Stelle Glück zu wünschen, und sie bey dieser Gelegenheit um 47 fl. für längst verbrauchtes Holz ärmer zu machen. Nun blieben mir annoch 51 fl. Zwey Gulden waren mein Privatreichthum, und mit diesem Vorrathe sollte ich nun bis 4. May allen Auslagen gewachsen seyn. In diesen Umständen brach der 25. April herein; der Tag, an welchem wir die Erzherzoginn Marianna in unsern Mauern erwarteten. Hier schließt sich der erste Abschnitt der Geschichte des Klosters, aus welchem jedes Menschenherz belehrt werden kann, wie manchfältig die Schicksale eines Hauses seyn können, wie wenig man auf Menschenhülfe sich verlassen dürfe, wenn Gott nicht die Herzen lenkt; wie nahe oft die Hülfe in den verzweifeltesten Umständen sey, wenn es Gott gefällt, das Herz wohlthätiger Menschen zu rühren; und daß man sich im Glücke nicht übernehmen, aber auch im Unglücke nie verzagen soll.

Geschichte

Geschichte des Elisabethiner-Klosters in Klagenfurt.

Zweyter Abschnitt.
Vom 25. April 1781 bis gegenwärtige Zeit.

Ein Donnerstag war's, der 19. April, als man mich zur Oberinn wählte. Da ich wußte, daß die Erzherzoginn am 25. des nämlichen Monats eintreffen werde, und mir sehr viel daran gelegen war, derselben noch vor ihrer Ankunft zu schreiben, so benützte ich die Zeit, und schrieb der durchlauchtigsten Frau: Daß sie sicher eine Oberinn antreffen würde, weil sie solche vom Bischofe Schrattenbach ausdrücklich verlangt hätte, daß die Wahl noch vor ihrer Ankunft geschehen solle. Es würde aber diese neugewählte Oberinn kein Ersatz für jene seyn, die die Erzherzoginn gekannt hätte. Uebrigens empfahl ich mich und das ganze Convent in die höchste Gnade der durchlauchtigsten Frau. Inzwischen machte man in Klagenfurt zum Empfange von allen Seiten Zubereitungen, aber ohne Erfolg; weil die Erzherzoginn am Posttage vor ihrer Ankunft dem Landeshauptmann Grafen von Rosenberg den Auftrag machte, alle Feyerlichkeiten, die dem Lande Unkösten machen würden, zu entfernen. Sie verlangte nichts anders, als daß der Bischof sie in Begleitung der Clerisey an der Kirchthüre empfangen, und

dann

dann eine Litaney mit Segen halten sollte, wornach sie gesinnet seye, in dem zunächst an der Kirche gelegenen Orte den Klosterfrauen und Kostfräulein den Handkuß zu geben.

Alles wurde veranstaltet. Von Mittag an sammelte sich das Volk schon haufenweise an der Strasse, woher die Beglückerinn des Landes kommen mußte. Vom Sanctvesterthore bis zum Kloster wimmelte es von Menschen. In die Kirche selbst wurde nur der Adel eingelassen. Gleichwohl mußte man noch da die Wache zu Hülfe nehmen, um die Erzherzoginn nicht erdrücken zu lassen. Sie kam nach 4 Uhr Abends. Wer kann den Jubel, die Freude, das Frolocken beschreiben, da man sie aus dem Wagen steigen sah! Sie warf sich in der Kirche auf den mit Sammet bedeckten Bethstuhl, zwang sich, eine heitere Mine anzunehmen. Allein die Kunst, sich zu verstellen, glückte ihrer zu redlichen Seele nicht. Häufige Thränen, die durch die ganze Litaney die Wangen herabrollten, verriethen genugsam, wie viel ihr Herz litt, indem sie von der lebhaften Vorstellung ergriffen wurde, daß dieß der Ort sey, wo sie sterben sollte. Unsere Bemerkungen wurden nach der Hand sehr oft von ihr bestättiget, und sie versicherte, daß sie damals von diesem Gedanken ganz beschäfftiget gewesen seye.

Nach vollendeter Litaney gieng sie in den Communionchor, wo alle Klosterfrauen versammelt waren. Wir waren in zwo Reihen getheilet. An der rechten Seite oben an stand ich, und mir gegenüber die Vicarinn Rosa. Ich mochte der lieben Frau wohl ein wenig zu jung geschienen

schienen haben, um hierorts Oberinn zu seyn. Sie wendete sich gerade an die Rosa, und ward von ihr an mich gewiesen. Sie kam also auf mich, die Unnachahmliche, warf sich auf die Knie, empfahl sich in meinen Schutz, in welchem sie leben und sterben zu wollen versprach. Dieser Auftritt rührte uns alle so sehr, daß wir keine Sprache hatten, und unser Gefühl nur durch Weinen und Schluchzen ausdrücken konnten. Sie gab ringsherum allen Anwesenden den Handkuß, das ist, uns, der Hofdame Gräfinn Herberstein, Fräulein Heinrichsberg, und der Frau von Aineth, die bey uns in der Kost waren. Mit der Ersten besprach sie sich einige Minuten sehr freundlich. Sie war ehedem Hofdame bey dieser Erzherzoginn, und hatte sich mit Begnehmigung des Hofes einige Jahre voraus vom Hofe entfernt; sie lebte bey uns; und ihrer Güte hat unser Gotteshaus, das an Kirchengeräthen vormahls sehr arm war, einen grünen reichen Ornat zu verdanken.

Nach Vollendung dieser ersten Bewillkommung gieng die Erzherzoginn in Begleitung des Bischofs und ihres ganzen Gefolges in mein Zimmer. Hier sagte sie mir mit ihrer gewöhnlichen Offenherzigkeit: „Ich bedaure Sie von Herzen, daß Sie an diesen Platz gekommen sind. Ich weiß schon, daß er sehr übel ist. — Sie sind sehr arm. Aber seyen Sie getröstet! Gott wird Ihnen schon helfen. Und was ich thun kann, um es Ihnen zu erleichtern, werde ich gewiß thun." Sie sprach bald mit dieser, bald mit jener Klosterfrau, um ihnen durch Freundlichkeit und Herab-

lassung

lassung Muth zu machen, sich ihr zu nähern, und alle Furcht vor ihrer Größe abzulegen.

Nun gieng sie in ihre Hofstatt, und verließ uns in einem Taumel von Erstaunen und Vergnügen. Wir hatten bis in die Nacht zu thun, um uns von unserer Freude und Bewunderung zu erholen.

Nach zween Tagen kam die Obersthofmeisterinn Gräfinn Colloredo zu mir in mein Zimmer, und brachte mir von der Erzherzoginn 24 Ducaten mit dem Beysatze, daß ich fürlieb nehmen möchte: es würde schon was Mehreres nachkommen. Ich zeigte der Gräfinn meinen Geldvorrath, um ihr begreiflich zu machen, wie groß mein Bedürfniß, und sohin die erhaltene Wohlthat sey. Bald darauf kam der Fürstbischof von Schrattenbach, durch welchen mich die Erzherzoginn fragen ließ, was ich für meine Haushaltung nützlicher hielt, die Bezahlung meiner Schulden, oder eine monatliche Zulage. Ich bath um das letztere. Am 1. May brachte mir der Fürstbischof 100 Gulden mit sichtbarer Freude, denn er war von jeher ein bekannter Menschenfreund, der dem Kloster öfters ein namhaftes Geschenk am Weine machte. Nachmittags kam die Frau selbst zu mir, und da ich krank war, saß sie zwey volle Stunden an meinem Bette, und ließ sich die elenden Umstände des Klosters erzählen.

Wie viel Theilnahme meine Erzählung bey der erhabenen Fürstinn erwirket habe, zeigte sich aus den Folgen dieser Unterredung. Ich wurde angewiesen, mit der monatlichen Zulage von 100 Gulden den Versuch zu machen,

ob

ob ich auslangen würde; im widrigen Falle versprach sie mir nachdrücklichere Hülfe. Einer so gnädigen Versicherung hatte ich freylich nichts anders als dankbare Thränen entgegen zu stellen.

Zween Tage verflossen seit dieser für mich so vortheilhaften Unterredung, als die Erzherzoginn wieder kam, das Krankenzimmer zu besehen. Sie wagte sich an jedes Bett insbesondere, und reichte allen Kranken die bloße Hand zum Küssen. Wir hatten da nur allererst eilf Betten. Sie fand ein ganzes Zimmer von Kranken leer, und äußerte ihre Verwunderung. Allein man sagte ihr, daß die kargen Vermögensumstände des Klosters von 1710 bis 1780 nie mehr als 8 Betten zu halten verstatten hätten, und man hätte erst seit einem Jahre das Glück gehabt, zu den vorigen acht Betten annoch drey neue hinzuzusetzen. Von diesem Tage an gieng sie alle Wochen ein oder zweymal in das Krankenzimmer, bis sie durch eigene Krankheiten an diesem gottseligen Werke gehindert wurde. Keine Krankheit, keine Wunde war so scheußlich, daß sie sich derselben nicht genähert hätte. Sie tröstete die Leidenden, munterte sie zur Geduld auf, und empfahl sich in ihr Gebeth. Unzähligemale schickte sie ihnen Erquickungen, je nachdem sie derselben bedürftig waren. Wenn manchmal eine elende Kranke um eine Speise bath, nach welcher sie sehr gelüstete, so befahl die Erzherzoginn alsogleich, daß sie mit allem Fleiße zubereitet werden soll.

Da ich inzwischen die schönsten Aussichten vor mir hatte, mein Kloster in einen vortrefflichen Stand zu setzen, sparte ich keine Mühe, alle Angelegenheiten des Klosters

in's

in's Reine zu bringen. Mein erstes Geschäfft war, einerseits alle Stiftungen, andrerseits das Vermögen des Klosters ordentlich zu untersuchen. Dazu reichten mir der Hr. Landrath Baron von Ankershofen und der Priesterhausdirector Joseph von Edlingen hülfreiche Hand. Es fand sich, daß das Kloster mit 6000 und einigen hundert Gulden Schulden behaftet sey, und von seinem reinen Vermögen kaum durch ein halbes Jahr seine Inwohner nähren könne. Wär es Wunder, wenn ich, ein Weib, das in derley Geschäfften ein Neuling war, nicht wußte, wo mir der Kopf stand. Doch erhielt ich mich in einem starken Vertrauen auf die Vorsicht, und hoffte, sie würde mich nicht stecken lassen. Ich entschloß mich aber, rastlos an der Verbesserung unserer Umstände zu arbeiten. Es lagen in Wien zwey Capitalien auf Krankenbetten. Ich fand keine Spur, daß von diesem Activo die Zinsen bezogen worden seyn. Darüber wünschte ich Aufklärung, wendete mich unbekannt an den Neffen des Fräuleins Signorini, der bey dem Grafen Kevenhüller als Secretär stand. Wie groß und freudig war die Ueberraschung, da mir mein Correspondent berichtete, daß die Interessen aus Irrung durch 12 Jahre nicht erhoben worden sind. Ich erhielt also auf einmal 960 fl., mit welchen ich alsogleich die dringendsten Gläubiger befriedigte. So war mir ferner bekannt, daß ein sicherer Baron in Wien ein Capital pr. 200 fl., das man uns vermacht hat, bis diese Stunde schuldig blieb. Ich nahm mir die Freyheit, Sr. Excellenz dem Grafen Kevenhüller zuzuschreiben, und Hochdenselben um Verwendung zu bitten. Mein Schritt war nicht fruchtlos. In wenigen Wochen floß das ausständige Capital in unsere Kasse, und um es nicht müßig liegen

liegen zu lassen, gab ich es einem Gläubiger hin, den ich gerne vom Hals gehabt hätte. Meinem Freunde von Kinderjahren her, Anselm von Edlingen, damaligem Abten des Benedictinerstifts St. Paul in Unterkärnten, war meine Vorfahrinn auf erhaltenen Wein nahe 300 fl. schuldig. Er schenkte mir die Schuld zur Haussteuer. Nicht lange darnach starb Hr. von Hendl, der das arme Kloster mit 100 fl. bedachte. Diese wurden alsogleich dem Hrn. Jakob Sticker, unserm vormaligen Beichtvater, der dem Kloster 900 fl. vorgestrecket hatte, auf Abschlag des Capitals hinausgegeben.

Nach dem Tode des Hrn. von Hendl kam seine junge hinterlassene Wittwe, meine große Freundinn, auf 8 Tage zu uns in das Kloster, um sich von ihrem ausgestandenen Leiden zu erholen. So, wie ihr verstorbener Gemahl, hatte auch sie für unser Haus die edelsten Gesinnungen. Ich äußerte in dem Umgange, daß ich nur so viel Geld zu haben wünschte, als ich brauchte, um jeder Klosterfrau vier neue Hemden anzuschaffen, weil sie alle sammt und sonders im Artikel der Wäsche bereits herabgekommen wären. Mit vielem Vergnügen gab mir die biedere Frau 130 fl., um diese Nothwendigkeit herbeyzuschaffen. Ich erzählte diesen Vorfall der Erzherzoginn, die jedesmal eine herzliche Freude zeigte, wenn uns Jemand Wohlthaten erwies. Ich wünschte die Leinwand aus der Fabrike von Wien zu haben. Die Erzherzoginn nahm es über sich, die Bestellung zu machen; bestellte aber so viel, daß ich jeder Klosterfrau sechs Hemden, eben

so

so viele Schleyer, Bindeln, Häubeln, Fürtücher und Leintücher machen lassen konnte.

Aber die Bedürfnisse häuften sich noch immer auf einer andern Seite, wenn ich ihnen auf einer auch abgeholfen hatte. Das Kloster brauchte Wein. Allein der Mann, der im verflossenen Jahre den Vorrath verschaffte, wollte eher für diese Lieferung bezahlt seyn, und dann allererst neuen Vorrath bringen. Diese Schuld betrug 500 fl. Die wohlthätige Fürstinn, die in dieser Zeit schon ganz mit meinen Umständen bekannt war, die mir nicht nur ihre Gnade und Güte, sondern ihre Freundschaft angedeihen ließ, wünschte, mir in allem zu helfen. Sie unterredete sich mit ihrer Kammerfrau Signorini. Diese erhielt den Auftrag, der Kammerfrau von Böhme nach Neapel zu schreiben, sie mit unseren dringenden Bedürfnissen bekannt zu machen, und einzuleiten, daß auch die Königinn in die Kenntnisse dieses Umstandes gesetzt würde. Man machte mir ein Geheimniß daraus, und dieß Geheimniß entdeckte sich mir allererst im October. Eines Tages ließ mich die Herzoginn rufen, und überraschte mich mit einem Päquet, worin sich 200 Ducaten befanden, mit dem Auftrage für die Königinn von Neapel zu bethen. Dießmal erfuhr ich, daß Freude und Ueberraschung den Menschen auch krank machen mögen; denn ich bekam auf der Stelle Herzklopfen und Alteration. Der Antheil, den die verewigte Fürstinn an dieser erhaltenen Wohlthat nahm, kam meiner Empfindung beynahe gleich. Ich konnte, durch diese Unterstützung ganz aus der Noth gehoben, den alten und neuen Wein bezahlen, und ein schwe-

rer

rer Stein fiel mir vom Herzen. Auf das folgende Jahr empfahl ich mich meinen lieben Freunden, dem Dompropste von Gurk, den Prälaten von Viktring, Grifen und St. Paul in ein geneigtes Andenken bey ihrer gesegneten Weinlese; und sie erwiesen sich so edel und freygebig, daß ich in diesem Jahre für Weine keine Auslagen hatte.

Die Erzherzoginn war inzwischen nicht bloß für den Vermögensstand des Klosters und für Verbesserung desselben besorgt; sondern nahm sich auch sehr ernsthaft unserer Kirche und der Verschönerung des Gottesdienstes an. Ich mußte ihr gleich in den ersten Tagen nach ihrer Ankunft die ganze Ordnung des Gottesdienstes in unserer Kirche beschreiben; und da sie sah, daß wir das Jahr hindurch nur vier Predigten, und keine tägliche Segenmesse hatten, begehrte sie sogleich vom Bischofe zween Prediger, die wechselweise alle Sonntage das Wort Gottes vortrugen, und von ihr für die gehabte Mühe bezahlt wurden. Sie verschaffte uns auch sogleich eine tägliche Segenmesse, und bestritt die Beleuchtung dazu aus ihrem Sacke. Sie selbst war bey allen Andachten; schlief wenig, stand früh auf, und kam immer in ihr Oratorium, sobald zu irgend einer geistlichen Verrichtung das Zeichen gegeben ward. Sie bethete mit uns die canonischen Stunden, auch manchmal selbst in unserm Chore. Sie gieng oft an Festtägen um 4 Uhr mit uns, die Mette zu bethen, so wie sie jedesmal mit uns in der Ordnung sogestaltig die heilige Communion empfieng, daß sie der letzten Leyschwester an der linken Seite stand. Am Vorabend der Sterbetäge ihrer großen Aeltern, nämlich am 17. August und 28. November ließ sie durch zwölf Priester die

Vigil

Vigil halten, und am Tage selbst zwölf heilige Messen lesen, wobey sie beständig gegenwärtig war, ungeachtet diese Verrichtungen bis über 11 Uhr währten. Sie gab auch an diesen Tägen sehr vieles Almosen.

Bey allem diesen Almosen entzog sie doch vorzüglich uns nichts, so weit es ihre Kräfte zuließen. Durch den Tod der unsterblichen Kaiserinn Maria Theresia verloren wir abermal das fünfte Procent von unsern Capitalien, welches uns bisher aus dem Theresianischen Kammerbeutel bezahlt worden ist. Ich gab freylich unter Joseph dem Zweyten Einlagen mit allen erforderlichen Beylagen von Stiftungen und Vermögen ein; allein Joseph, der die Wohlthätigkeit seiner großen Schwester, die bey uns lebte, mit in den Anschlag nahm, schlug mir meine Bitte wiederholtermalen ab. Marianna, die mich dem Kummer nicht überlassen wollte, kam mich zu trösten, gab mir die Hälfte dieses Ersatzes auf ein halbes Jahr zum Voraus, und versprach, diesen Beytrag fortzusetzen. Sie freute sich innigst, da sie sah, wie gut jeder Kreutzer verwendet wurde, und daß wir unser ganzes Daseyn hauptsächlich ihrer hülfreichen Beysteuer dankten. Ihre Mildthätigkeit hatte keine Gränzen. Hätte ihr Vermögen ihren Wünschen entsprochen, so würden wir schon im ersten Jahre ihres Hierseyns ganz glücklich geworden seyn. Allein die Fürstinn hatte die Bedürfnisse Vieler zu befriedigen. Jeder Arme im Lande hatte auf ihre Wohlthätigkeit Anspruch. Jährlich ließ sie im Monate Julius vor ihrem Namensfeste an Arme vom Adel und der Bürgerschaft 6000 fl. austheilen. Doch dieß war eine ordentliche, nach Verhältniß des bekannten Bedürfnisses gemachte Vertheilung.

lung. Was sie im Stillen bey sich ereignenden Gelegenheiten an die leidende Menschheit gelangen ließ, davon können alle jene Zeugniß geben, die sie näher an sich zog, um durch diese Kanäle ohne Gepränge die Wohlthäterinn des Landes zu seyn. Ich selbst erhielt monatlich 58 fl., um damit mehreren Partheyen kleine Pensionen auszuzahlen. Sie wußte, daß die meisten Klosterfrauen unserer Gemeinde keinen sichern Kreutzer hatten, um ihre kleinen Bedürfnisse zu bestreiten, und daß sie noch überdieß sich Holz und Licht selbst anschaffen mußten, weil das Vermögen des Klosters nie hinreichte, ihnen diese Wohlthat zufließen zu lassen. Die Fürstinn gab daher nach dem edlen Zuge ihres Herzens an den Tagen ihrer Ankunft, ihrer Namens- und Geburtsfeyer, auch an den Tagen, die mich betrafen, jeder Nonne 2 fl., womit sie für diese Nothwendigkeiten ganz gut bedeckt waren. Einigen anderen gab sie noch überdieß monatlich einen Gulden. Unter diesen befand sich ein Mitglied des Klosters, dem der unglückliche Hofrath Kriegel jährlich 30 fl. zu geben sich verpflichtete, und auch, so lang er im Wohlstande war, wirklich zukommen ließ. Die Erzherzoginn ersetzte es der betroffenen Clientinn aus ihrem Vermögen mit jährlichen 24 Gulden.

Was soll ich erst von mir sagen! Sie gab mir alles, um was ich bath, und was ich brauchte. Eine Oberinn dieses Klosters genießt bey uns nicht mehr, als jede andere Privatschwester, außer, daß man ihr das Zimmer heitzt. Die Fürstinn wollte von nun an, daß ich auch, außer dem Habit, nichts weiter vom Kloster empfangen solle. Ich mußte also meine Wäsche für andere Klosterfrauen

frauen verwenden, und erhielt dafür vollkommene Einrichtung von der Gnade der Erzherzoginn. Mein ganzes Zimmergeräth, das vor der Hand schlecht war, wurde erneuert. Ofen, Fußboden, alles mußte umgeändert werden. Nur ein einziger Kasten, für welchen ich selbst die Fürbitte einlegte, durfte zurückbleiben.

Im October des Jahres 1791 reiste ein gewisser Maler, Namens Lampi, ein Künstler in seinem Berufe, durch Klagenfurt. Die Erzherzoginn ließ sich malen, und schenkte mir das Original sammt dem Bilde des Fürstbischofs von Schrattenbach. Beyde zierten mein Zimmer, als die Erzherzoginn auch mich malen, und das Bild in die Mitte hängen ließ, mit dem Ausdrucke: **Wir Drey müssen hier beysammen stehen; denn wir haben zugleich angefangen, dem Kloster aufzuhelfen.**

Durch die Wohlthätigkeit der Erzherzoginn wurden nicht nur allein unsere alten Wohlthäter nicht verscheuet, sondern manchmal noch näher herbeygezogen. Unter diese gehöret vorzüglich der Herr von Strohlendorf. Schon seit 40 Jahren erwies er dem Kloster in allen Gelegenheiten viele Wohlthaten. In eben diesem Jahre 1791 lernte er mich, da ich schon Oberinn war, kennen. Ich dankte ihm bey dieser Gelegenheit für alle Wohlthaten, die er meinen Vorfahrinnen erwiesen hätte, und empfahl mich als einen Neuling in meinem obrigkeitlichen Amte seinem fernern Schutze. Nach erhaltener Versicherung, daß er auch für immer mein Freund seyn werde, entdeckte ich ihm mein Anliegen, daß ich für das neuerrichtete Krankenzimmer dringenden Mangel an Wäsche habe. Ich führte

führte ihn dahin, und zeigte ihm meinen ganzen elenden Vorrath. Schon am folgenden Tag schickte er mir über 400 Ellen Leinzeug, aus welchem ich für alle Krankenbette die hinlänglichen Leintücher verfertigen lassen konnte. Er blieb dabey nicht stehen; sondern schickte mir zu verschiedenen Zeiten bald ein Fäßchen Oehl, bald Korn, bald Wein, auch Geld zu 50 und 100 fl.

Als ich nach einer Zeit so viele Klosterfrauen von aufgehobenen Häusern erhielt, mangelte uns der Raum im Chor, und ich mußte ihn vergrößern lassen. Der beßte Strohlendorf! — Mit vieler Freude bezahlte er die Unköſten, und erlaubte mir in jeder Angelegenheit zu ihm meine Zuflucht zu nehmen.

Die Erzherzoginn faßte auch gegen ihn eine Art von Achtung, wie sie schon überhaupt alle unsere Wohlthäter mit Gewogenheit aufnahm. Ich mußte ihr alle Personen, die noch vor ihrer Ankunft, dem Kloster Wohlthaten erwiesen hatten, nennen. Gab es dann eine Gelegenheit, daß ihr Jemand zu Gesichte kam, so hatte sie die Gnade, ihm dafür zu danken, und uns ferner in seinen Schutz zu empfehlen. Einmal mußte ich drey Bürgersfrauen, von denen sie wußte, daß sie unsere Wohlthäterinnen wären, auf mein Zimmer kommen lassen. Die Fürstinn sprach eine ganze halbe Stunde mit ihnen, und sagte ihnen unter anderm: „Die Oberinn hat mir schon gesagt, daß „ihr dem Kloster in den größten Nöthen viel Gutes erwiesen habet. Ich bitte euch, meine Frauen, zu glauben, daß dermal, wo ich da bin, das Kloster auch noch „manches brauche. Ich kann nicht alles thun, was ich
„gern

„gern wollte. Die Klosterfrauen brauchen noch viele gute
„Freunde; denn es geht ihnen noch vieles ab." Noch
erinnern sich diese guten Weibern mit Rührung dieser Unterredung, und können ohne Thränen nicht davon
sprechen.

Und wir — ach was konnten wir Arme thun, um
ihr zu beweisen, wie hoch wir das Glück schätzten, sie so
nahe bey uns zu haben! Wie konnten wir ihr die Liebe
und die Dankbarkeit zeigen, von denen unsere Herzen
überflossen! Es blieb uns nichts anders übrig, als täglich dem Himmel für dieses theure Geschenk seiner Vorsicht zu danken, und eifrig für die lange Erhaltung dieser
edlen Fürstinn zu bitten. Wir mußten es Andern überlassen, ihr kleine Unterhaltungen und Feste zu geben, womit sich die guten Kärntner so manchmal auszeichneten.
Dieß geschah vorzüglich am 6. October 1781 an ihrem
Geburtstage. Die Stände veranstalteten eine Beleuchtung, wovon die Fürstinn nichts wissen sollte. Fürst
Auersberg lud sie aus diesem Grunde am Vorabende nach
Zwischenwässern ein. Kaum war sie aus der Hofstatt,
so waren schon hundert Menschen beschäfftiget, in ihrem
Hofe die Zubereitungen zu machen. Es ward eine herrli-
liche Triumphporte am Gitter aufgerichtet, und mit Sinn-
bildern ausgeziert. In der Mitte brannte ihr Name in
verschiedenen Farben. Die Zahl der Tonkünstler belief
sich auf 50 bis 60 Personen, und Menschen gab es in einer ungeheuern Menge. Die Frau kam gegen 6 Uhr zurück. Es war ein prächtiger Abend, und alles Volk
schrie: Es lebe Marianna! als sie in den Hof fuhr.
Dieser Anblick und der Beweis von dem guten Herzen

der

der Kärntner überraschte und rührte sie so sehr, daß sie zu mir auf den Gang kam, und — weinte. Dann sagte sie: „Ich bin wohl glücklich unter euch. So gute und erkennt„liche Herzen habe ich noch an keinem Orte angetroffen. „Ich habe 40 Jahre in Wien gelebet, aber man hat mir „nicht gezeiget, daß man mich liebte." Dieß sagte sie noch dazu in Gegenwart eines sichern Edelmannes, der eben von Wien hier war, und dieses niedliche Fest bewunderte. Aber nicht nur dießmal, sondern bey jeder Gelegenheit, bey der kleinsten Aufmerksamkeit, die man zeigte, wiederholte sie diese für uns so schmeichelhafte Versicherung, daß sie glücklich unter uns sey. Selbst ihren Kammerleuten, die schon länger in ihrem Dienste waren, that es herzlich wohl, ihre Frau so zufrieden und vergnügt zu sehen, an einem Orte, in einem Lande, das man ihr und allen aus ihnen vor der Hand so elend und abscheulich geschildert hatte. Ihre Gesundheit war dieß erste Jahr auch ganz gut. Sie machte kleine Lustreisen auf die benachbarten Güter der Adelichen. Sie kam auch dieses und das nächste Jahr zu dem Fürstbischof von Schrattenbach nach St. Andre, und in die Stifte St. Paul und Grifen; sie machte auch noch zu Fuß kleine Spaziergänge in den umliegenden Gegenden. Es kam der erste Winter, den wir ganz ruhig in ihrer Hofstatt und wechselweise im Kloster zubrachten. Täglich mußte ich schon in ihrer Kammer seyn, wenn sie die Mit: tagstafel verlassen hatte. Bekam sie ihre gewöhnlichen Unbäßlichkeiten, so bekam ich die Stunde schon um 12 oder 1 Uhr. War ich selbst krank, so kam die beste Fürstinn mit ihrer Arbeit, und saß den ganzen Nachmittag bis 6 Uhr an meinem Bette. Sie konnte keine Minute müßig seyn. Wir arbeiteten oft an einem Nährahmen, verfertigten

E

Meß:

Meßgewände und Kirchenspaliere, mit Seide gestickt. Ihre Lieblingsarbeit war Schnüre aus Seide knöpfeln, die dann wieder zum Sticken für Kirchenornate verwendet wurden. Im December dieses ersten Jahres erhielt sie sichere Nachricht von Wien, daß durch ein Allerhöchstes Handbillet alle Klöster beyderley Geschlechts, derer Verfassung nicht zur Erziehung der Jugend oder Pflegung der Kranken abzweckte, auf einmal aufgehoben seyen. Ihre Freude, daß wir nicht zu dieser Klasse gehörten, war eben so lebhaft, als unsere eigene.

Die guten Frauen, die dieses harte Schicksal traf, hatten nun keine andere Wahl, als in die Welt zu gehen, oder das Institut der Ursulinerinnen oder Elisabethinerinnen anzunehmen, indem ihnen das Erstere und Letztere freygestellt wurde. Ich bekam also Bittschriften von verschiedenen Orden. Es war mir aber daran gelegen, brauchbare Leute zu erhalten. Daher schlug ich allen jenen die Aufnahme ab, die schon über die Jahre hinaus waren, um den Kranken dienen zu können. Die erste, die ich aufnahm, war Frau Kajetana Propstinn, Karmeliterinn von Wien. Sie kam im May 1782. Um mir die Unkösten der Reise zu ersparen, ließ die Erzherzoginn diese Person durch unserm Beichtvater, Anton Hauser, in Begleitung ihrer Kammermagd, Francisca Huber, von Wien abholen. Die zweyte war Frau Rosalia Pargstallerinn, Clarisserinn aus dem Paradeis nächst Judenburg. Die dritte war die Frau Beatrix Freylinn v. Neuhaus, Karmeliterinn aus Görz, die sich aber in unsere Verfassung nicht schicken konnte; daher schickte ich sie nach 8 Tägen auch wieder zurück. Schon im März 1782 wurde auch das Frauenkloster der Dominicanerinnen

canerinnen in St. Andre aufgehoben. Fürst Schrattenbach, der sie wie ihr Vater liebte, gab sich alle Mühe, sie zu erhalten, weil sie schon seit einigen Jahren eine Normalschule unterhielten. Die guten Kinder entschlossen sich sogar, in ihrem Kloster das Institut der Ursulinerinnen anzunehmen, falls der Monarch zu bewegen wäre, ihre Aufhebung zurück zu rufen. Man machte ihnen auch dazu einige Hoffnung. Sie wurden aber getäuscht, und die Aufhebung erfolgte. In ihrem Aufhebungsdekrete hieß es: daß die Frauen zu uns übersetzet werden sollen. Nach Ableben der Alten solle ihr Vermögen unserm ohnehin schlechtgestifteten Elisabethinerkloster zufallen, indem es diesem an dem nöthigen Auskommen gebreche. Es schien also, als ob wir die Ursache ihrer Aufhebung wären, und daß sie genöthiget seyn sollten, unser Institut anzunehmen, es möchte sie freuen oder nicht. Man ließ ihnen aber doch am Ende die freye Wahl, in die Welt, oder in ein Kloster zu gehen, wie allen Uebrigen. Fünf aus ihnen entschlossen sich, unsern Orden anzunehmen, und diese waren: Frau Vincentia Syrowsky, Frau Salesia, ihre Schwester, Frau Theresia Roschitzinn, Frau Augustina Hoferinn, Frau Rosa Pließniggin. Alle diese waren in den besten Jahren, und wurden zween Jahre später mit den beyden Frauen Alexia von Klebelsberg und Karolina Theisin vermehret, welche beyde aus dem versperrten Kloster Servitenordens in Innsbruck ausgewandert, und daselbst die zwey jüngsten Schwestern waren. Die Letzte, die ich annahm, war Frau Monica Purlinn, Augustinerinn von St. Martin in Schwaz. Ich hatte nun einen Zuwachs von zehn Personen, die meine Einkünfte um 2000 fl. vermehrten. Diese Summe war

größer,

größer, als alles dasjenige, was mir unsere Stiftungen, mit Ausschluß der Erzherzoglichen Zulage, für die Unterhaltung der 25 Nonnen, 8 Krankenbetten, Kirche, Meßenstiftung, Dienstbothen, Apotheke, kurz des ganzen Klosters abwarfen. Ich habe dieses ein bißchen weitläuftiger abgehandelt, weil ich diesen guten Schwestern bey der Nachkommenschaft für den Vortheil, den sie dem Kloster brachten, ein bleibendes Denkmal setzen wollte. Sie schickten sich in unsere Satzungen, erfüllten ihre Pflichten, und verlangten von ihren mitgebrachten 200 fl. nur jährliche 20 fl. zu ihrem Gebrauche. Ich hatte freylich das Unglück, fünf von ihnen in kurzer Zeit wieder zu verlieren. Die zwey Servitinnen, die die jüngsten waren, starben zuerst. Karolina Theisinn 1786, Alexia v. Klebelsberg 1789. Im Februar 1790 starb Vincentia Syrowsky als ein Opfer ihrer Pflicht. Sie hatte das ganze Krankenzimmer mit 24 Betten, die wir dazumal schon hatten, als Apothekerinn in der Obsorge, erbte aus lauter Nächstenliebe das Faulfieber, und starb am 11ten Tage. Am 21. Nov. eben dieses Jahres verlor ich auch zu meinem und aller Mitschwestern Leidwesen die Frau Salesia Syrowsky an einer Lungenentzündung. Sie war Vikarian und Novizmeisterinn, und beydes zu unserer Zufriedenheit. Heute endlich am 3. Dec. 1792, da ich dieses schreibe, verliere ich auch die Frau Kajetana Propstinn, gewesene Karmeliterinn. Sie folgte dem Beyspiele einiger ihrer Mitschwestern, und kehrte mit Erlaubniß des Bischofs in das neuerrichtete Karmeliterkloster zu Prag, also zu ihrem ersten Berufe zurück, nachdem sie bey uns 10 Jahre und 6 Monate vergnügt gelebet hat. Mit dem Verluste dieser 10 Personen verliere ich nun auch wieder einen Zuschuß von jährlichen 2000 fl.

Nach

Nach dieser Abweichung ergreife ich wieder den Faden meiner Geschichte in der gehörigen Ordnung.

Auffallend war es uns, daß die Erzherzoginn, noch ganz gesund, und vermöge ihres Alters und ihrer guten Natur sich eine lange Dauer versprechen konnte, dennoch gleich bald nach ihrer Ankunft sich immer mit dem für uns so tödtenden Gedanken ihres baldigen Hinscheidens beschäftigte. Schon im Herbste 1781 ließ sie ihren Ort bereiten, wo sie nach dem Tode ruhen wollte. Sie ließ, noch den Winter hindurch, unsere Gruft, die ganz klein war, durchbrechen, pflastern und auf beyden Seiten Oefen für die Klosterfrauen in die Mauer machen, und vorn unter dem Hochaltar drey größere Oefen nach einander zurecht machen. Der mittlere Platz ward für sie selbst bestimmet. Dazu ließ sie einen schwarzen Marmorstein aus Tyrol bringen, und sogar schon jetzt ihre Grabschrift darauf setzen. Der Platz linker Hand ward mir vorbehalten, wie es von ihr mündlich und schriftlich dem Kloster mehrmal befohlen worden. Den Platz rechter Hand bestimmte sie für ihren Freund Joseph v. Edlingen, welchen sie auch nach seinem Tode 1786 daselbst begraben ließ. Die Gruft erhielt einen Altar, an welchem der Fürst Schrattenbach die erste Messe las, als er am 7ten Juny 1782 die Gruft einweihte. Von diesem Tage an ließ die Fürstinn alle Freytage daselbst eine heilige Messe lesen, bey welcher sie selbst, von Krankheiten nicht verhindert, mit den Klosterfrauen gegenwärtig war.

Unser Hochaltar war noch von jeher ungefaßt. Er hatte auch sonst nicht die Ehre, der Fürstinn zu gefallen. Die Kosten eines neuen Hochaltars waren nicht klein; aber was

was scheute die liebe Fürstinn, wenn sie einmal etwas im Anschlag hatte! Sie ließ ein Modell von Wien kommen, um den neuen Altar darnach zu verfertigen. Ihr Beichtvater, Pater Richter, hatte die Sorge über sich, mit den Künstlern den Vergleich zu treffen, und über die Beschleunigung der Arbeit zu wachen. Graf Enzenberg übernahm den Auftrag, das Altarblatt in Mayland machen zu lassen. Der heil. Lorenz aber ward von einem Künstler in Innsbruck verfertiget, fiel aber nicht so gut aus, als man es erwartete und wünschte. Im Jahre 1782 kam dieß schöne Denkmal der wohlthätigen Fürstinn zu Stande.

Noch ist vom Jahre 1781 nachzutragen, daß die Fürstinn im Herbste von ihrem Durchlauchtigsten Bruder, dem Erzherzog Maximilian, den Marianna sehr liebte, besucht ward. Die Erzherzoginn ließ ihm eine Operette machen, wovon den Stoff Graf Enzenberg, und die Musik Graf Cristalnigg verfertigte.

Im Jahre 1782 stellte ich im Monat Jul. das schon vor einigen Jahren vom Herrn v. Schmidlinn in Wien mit 1000 fl. gestiftete Krankenbett auf. Wir hatten nun eilf Betten. Allein dieß war der Erzherzoginn viel zu wenig, und ob ich schon auf ein Paar neue Stiftungen hatte, so mußte ich doch allererst auf den Tod der Stifter warten, um sie aufstellen zu können. Diese Aussicht war der guten Fürstinn viel zu entfernt. Sie wollte ihre Wünsche ehestens erfüllet sehen. Sie wußte, daß Kaiser Joseph in Wien gerade um diese Zeit das Universalkrankenspital errichten ließ, und überhaupt für die Krankenpflege sehr eingenommen war. Dieß machte in ihr den Gedanken rege,

den

den Kaiser dahin zu vermögen, daß er unser Krankenhaus vergrößere, mehrere Kranken, und auch die Inwohner dieses Klosters reichlicher stifte. Sie machte selbst den Plan dazu, und schrieb Tag und Nacht daran. Sie bewies in diesem Plane die Nothwendigkeit, dem armen Lande mit größerer Krankenpflege vorzusehen, und pries diese Wohlthat gegen die leidende Menschheit. Nebst der Vermehrung unserer Stiftungen forderte sie auch, daß der Kaiser unser Klostergebäude in bessern Stand setzen lassen solle, indem sie selbst mit ihrer Hofstatt samt uns in beständiger Feuersgefahr wäre. Sie trug dem Grafen Enzenberg auf, alle unsere Stiftungen zu erheben, Ausweise zu machen, die Plane rein auszuarbeiten, die Beylagen in Richtigkeit zu haben, und ihre Vorstellung anschaulich zu machen. Diese Bemühung war abermal ein redender Beweis ihres großen zum Wohl der Menschheit geschaffenen Herzens. Allein die Fürstinn überdachte nicht, daß sie auf einmal in der That zu viel begehrte, um hoffen zu können, daß ihre wohlthätigen Gesinnungen in Erfüllung kommen sollten. Ich wenigstens zitterte der Entscheidung entgegen, und war in einer unaufhaltbaren Angst, bis wir Antwort erhielten. Der Erfolg rechtfertigte meine Ahndungen. Mit Ende Septembers kam die Entscheidung, die mir eines Abends Graf Enzenberg, an den sie gestellt war, überbrachte. Es war mit kurzen Worten gesagt: „daß dieser Plan zwar gantz „gut, dermalen aber der Zeitpunkt nicht sey, dergleichen „kostspielige Aufwände zu machen. Wenn die Klosterfrauen „so schlecht gestiftet sind, so sollten sie sich selbst reduciren, „oder man müsse sie in andere Klöster eintheilen; und „wenn die Erzherzoginn wegen dem schlecht gebauten Klo„ster in Gefahr stände, abzubrennen, so könnte man uns,

„um

„um fie von diefer Gefahr zu befreyen, in ein leerftehendes „beffer gebautes Haus überfeßen." Dieß war der ganze Inhalt, den man in unferm Archive nachlefen kann. Als ich mich vom Schrecken darüber erholte, gieng ich zur Fürftinn, die meinen gewaltigen Kummer fchon in dem Geſichte las. Es brauchte viel, um es ihr auszureden, daß diefe Refolution von Seiten des Kaifers fo gar arg gemeinet fey, und es ein ernfthafter Antrag fey, uns einen diefer Wege einfchlagen zu laffen. Die liebe Frau war äußerft beftürzt darüber, daß fie in der beften Abficht, uns zu helfen, uns nur vielmehr gefchadet habe. Sie wiederholte immer: „Ich bin hieher gekommen, euch zu helfen, „und nun bin ich euer Unglück." Endlich trat Graf Enzenberg ein, ganz darüber gerührt, daß er die Erzherzoginn fo heftig weinend fand. Es ward ein langer Rath gehalten, was nun zu thun fey, um das Uebel nicht ärger zu machen.

Man glaubte endlich die Abficht des Kaifers errathen zu haben, und befchloß, daß die Erzherzoginn dem Monarchen fchreiben, und ihm antragen folle, das Kloftergebäude aus eigenem Säckel ausbeffern zu laffen. Der Fürftinn, die eine große Seele hatte, kamen dergleichen Dinge fchwer vor. Sie fand fich durch eine abfchlägige Antwort beleidigt. Es that ihr weh, uns durch eine eingebildete Schuld in Aengften zu fehen. Sie glaubte an allen diefen Verwirrungen Antheil zu haben, und nun follte fie dem Kaifer gelaffen, fanft und in einem demüthigen Tone fchreiben. Es war wirklich von meiner und Enzenbergs Seite viel von ihr begehrt. Dennoch lagen wir beyde vor der Fürftinn

auf

auf den Knien, und ließen nicht von der Bitte ab, bis sie es versprach.

Sie schrieb in einigen Tagen und las es mir vor. Allein ich war so frey, zu bitten, daß dieses Schreiben nicht abgeschickt werden möge, weil ich es nicht so geeignet fand, wie es die Umstände forderten. Die gute beste Fürstinn ward nicht böse über meine Offenherzigkeit, und that alles, was ich wünschte und verlangte. Sie schrieb in folgenden Ausdrücken:

„Am 3. October.

„Es ist dermalen um eine Gnade für mich zu thun, „die ich von der Huld Ew. Majestät erflehen will; um eine „Gnade, welche Sie selbst, wenn Sie ein wenig nachden„ken wollen, dafür erkennen werden, daß meine Ruhe, die „ich in dem Stande, wohin ich mich retirirt habe, hoffte, „davon abhängt; in dem Stande, welchen unsere gute „Mutter und E. M. selbst mir nicht allein zugelassen haben, „sondern auch durch Ihre Wohlthaten mir dazu behülflich „gewesen sind. Ich bin darin glücklich und vergnügt. Es „würde mir also sehr hart fallen, diesen Stand verändern „zu müssen; und ich würde dazu gezwungen seyn, wenn „alles das wahr wäre, was man uns drohet. Das letzt„erlassene Decret machet mich fürchten, daß Ew. Majestät „mit dem Elisabethinerkloster, wo ich wohne, und wegen „welchem ich hieher gekommen bin, eine Veränderung vor„haben. Ich zittere darüber, daß meine letztere Vorstel„lung wegen der Armuth des Klosters, die ich mich, in der „Hoffnung, Ew. Maj. Wünsche und Absichten für die Kran„ken und Armen zu befördern, zu machen unterfieng, Schuld
„an

„an dieser Veränderung seyn dürfte. Wenn also Ew. Ma-
„jestät diese Veränderung nur wegen der Feuersgefahr und
„Armuth des Klosters machen wollen, so werde ich mit
„Freuden (ohne mich in Schulden zu stecken) das Erste be-
„sorgen, und für das Zwente werden sich alleweil Freunde
„finden, die das Auskommen befördern; besonders jetzt,
„wo andere Klosterfrauen, die auf das Wort Ew. Majest.
„in dieses Kloster gegangen sind, dem Kloster mit ihrem
„Gnadengehalt nachhelfen. Ich bitte demnach inständig
„zur ersten und letzten Gnade, die ich mein Lebetag für
„mich von Ew. Majestät begehren werde, dieses Kloster,
„wie es jetzt ist, wenigstens bis zu meinem Tode stehen zu
„lassen; indem es mir sehr betrübt fallen würde, den Plan
„meines Lebens ändern zu müssen, den ich schon vor so vie-
„len Jahren machte, und gezwungen seyn sollte, meinen
„Aufenthalt zu verwechseln. Ich bitte Ew. Maj. kniefäl-
„lig, mich darüber zu beruhigen, und mir dieses, was ich
„bath, zu versprechen, die ich lebenslänglich verharre 2c.

         Mariahne."

Daß ich mit diesem Schreiben herzlich zufrieden war,
darf ich wohl nicht sagen. Ich konnte die Antwort darauf
auch mit mehr Gelassenheit und Ruhe erwarten. Sie kam
an dem ersten Posttage darauf, und lautete so:

        Wien, den 7. Oct.
„Liebe Schwester!

„Ich bin über den angstvollen Brief, den Sie mir
„geschrieben haben, sehr verwundert gewesen. Ich glaubte,
„nachdem Sie mir die Feuersgefahr von Seiten des Klo-
„sters, welches an Ihr Gebäude anstößt, und die Unmög-
              „lichkeit,

„lichkeit, daß die Klosterfrauen auskommen können, ge-
„schildert haben, Sie würden wünschen, eine so üble Nach-
„barschaft von sich zu entfernen, und einem so nützlichen
„Orden eine bessere Wohnung, und vielleicht auch durch
„die Uebersetzung in ein leerstehendes und besser gebautes
„Haus ein besseres Auskommen zu verschaffen. Ich habe
„geglaubt, durch meine letztere Aeußerung Ihre Wünsche
„zu erfüllen. Wenn Sie es aber vorziehen, die Kloster-
„frauen da zu behalten, wo sie sind, und selbst wegen der
„Sicherheit vor dem Feuer Vorsehung thun wollen, so ist
„alles gesagt, und es kann keine Rede mehr davon seyn,
„Sie ihre Wohnung ändern zu machen. Adieu! Ich bitte
„Sie, mich stets zu erkennen für Ihren &c.

Wir hatten zwar wohl unter der Hand erfahren, daß
der Kaiser dem Erzherzoge Maximilian sagte: „Ich habe
„meine Schwester erwischt. Sie macht das Gebäude."

Inzwischen wußten wir bey diesem obenstehenden Schreiben einsam, nichts anders zu sagen, als daß es für unsre
Wunde eine wahre Abkühlung sey. Wir fanden darin
noch zum Ueberfluß, daß unser Institut sich versichert halten dürfe, die Aufhebung nicht befürchten zu müssen,
worüber wir ehedem niemals recht ruhig waren. Wir
hielten eine neuntägige Andacht, und dankten der göttlichen Vorsicht für diesen Trost. Die Erzherzogin erschien
täglich dabey, und so betroffen sie ehedem war, so aufge-
heitert war sie jetzt. Die gute Fürstinn beschäftigte sich
den ganzen Winter hindurch mit dem Klostergebäude, und
ließ sich alle Ueberschläge vorlegen.

Wir

Wir mußten aber unter dieser Zeit einen großen Schrecken aushalten; denn am 5. Jäner 1783 bekam die Erzherzoginn eine starke Alteration, so, daß man ihr auf den Abend schon zum zweytenmale die Ader öffnen mußte. Es brach eine Lungenentzündung aus, die für ihren gewöhnlichen Zustand sehr gefährlich war. Doch der Himmel erhörte dießmal unser Flehen und das Geschrey der Armen. Alle angewandte Mittel wirkten mit ihrer guten Natur, und die Vorsicht schenkte sie uns gesund nach drey Wochen wieder. Die Freude über ihre glückliche Genesung war allgemein. Wir hielten ein Dankfest mit einem feyerlichen Hochamte und dem Gesange: Herr, dich loben wir. Die Frau gewann nach dieser Zeit die guten Kärntner noch so lieb, da sie überzeugt war, wie viel ihnen an ihrer Erhaltung gelegen war.

Gleich die Woche nach Ostern 1783 fiengen wir an, uns im Hause zusammenzuziehen, damit der obere Stock geleeret wurde. Nun fieng das Gebäude an. Der obere Stock wurde merklich erhöhet. Die Zellen bekamen höhere Fenster, neue Oefen mit eisernen Füßen, und Thüren. Es wurde unter dem Dache gepflastert; der Dachstuhl verbessert, das Haus neugedeckt, und die Schornsteine ausgeführt. Graf Cristalnigg hatte die Aufsicht darüber und die Arbeit gieng schleunig. Die gute Fürstinn sah oft selbst nach; und da schon die Hauptsache verbessert und verschönert wurde, so trate sie alles im Hause, was nicht dazu paßte. In jedem Winkel fand sich etwas zu verbessern. Sie gab dem ganzen Hause Jalourbalken und Winterfenster, ließ das Porten- und Sprachzimmer ausmalen, in dem ganzen untern Gange das schlechte Pflaster von Ziegeln

geln aufheben, und von der Sacristey bis zur Apotheke Steinpflaster legen. Die Stiege von der Pforte bis in den obern Stock ward ebenfalls von Stein gemacht, und die erste Thür vor der Stiege schenkte sie mir von ihrem Sommerzimmer, wo sie übrig war. Mit einem Worte: Das ganze Haus ward in diesem Jahre erneuert. Wir hatten ehedem schlechte Chorstühle. Nun wußte ich, daß in dem aufgehobenen Dominicanerkloster zu St. Andre die Chorstühle vom harten Holz überflüßig waren. Ich bath den Hrn. Grafen Kevenhüller, unsern Gouverneur, um diese Stühle, und erhielt sie auch. Ich habe hier noch vom Hornung dieses Jahres nachzutragen, daß ich von der Großmuth der Königinn von Neapel abermal 200 Ducaten erhielt, wovon ich die Stückerische Schuld mit 800 fl. bezahlte. Im Monate Juny dieses Jahres 1783 erhielt die Erzherzoginn einen Besuch von ihrer Schwester Amalia, Herzoginn von Parma, die sich hier neun Tage aufhielt. Die Herzoginn kam einigemal zu uns, und bezeigte einen aufrichtigen, lebhaften Antheil an der Zufriedenheit und dem Vergnügen ihrer Schwester in dieser Einsamkeit. Sie war sehr gnädig gegen mich, und beschenkte mich bey ihrer Abreise mit einem schönen Meßgewand und 200 fl. Von der Zeit an hatte sie die Gnade, mir öfters zu schreiben, wie sie es auch noch immer fortsetzt.

Am 8. December dieses Jahres hatten wir auch die Gnade, S. M. den Kaiser Joseph den Zweyten zu sehen. Er hielt sich nur einen Tag hier auf, kam aber doch nach der Tafel in Begleitung der Erzherzoginn zu uns in das Kloster. Er gieng im Krankenzimmer zu jeder Kranken, fragte sie um ihre Zustände, mich aber um unsere ganze Ordnung,

Ordnung, um die Ursache der wenigen Betten, um die Stiftung derselben, und besonders, ob ich auch von aufgehobenen Klöstern einige unter meiner Gemeinde hätte, und wie sich diese anschickten. Ich hatte dann Gelegenheit, über alles gründlich zu antworten. Auf die Frage, ob unsere Umstände jetzt besser wären, sagte ich, daß die Vorsicht in der Person der Erzherzoginn uns eine Hülfsquelle geschickt hätte, in einem Zeitpunkt, wo wir nicht länger auf Hülfe mehr hätten warten können; und rühmte ihre Wohlthätigkeit gegen uns. Er zeigte sein gnädigstes Wohlgefallen über unsere ganze Einrichtung und Reinlichkeit, mit dem Ausdrucke: Daß er noch kein so niedliches Spital gesehen habe. Im Rückwege sah er auch alle Klosterfrauen, sprach mit allen sehr freundlich, besonders mit jenen, die von andern Klöstern waren. Er rühmte ihren zweyten Entschluß, und sagte: Daß sie nichts Bessers hätten wählen können; daß es weit verdienstlicher sey, für einen Kranken eine Medicin bereiten, als den ganzen Tag bethen und betrachten; daß er nur zwey Gebothe kenne, nämlich die Liebe Gottes und des Nächsten. Er blieb eine ganze Stunde unter uns, stand mitten in dem Schwarm von Nonnen, und sprach viel von Aufhebung der Klöster. Viele, sagte der Monarch, werden mir fluchen, Viele danken. Er gieng auch in den obern Gang, und besah die Zellen, wo ich ihm alles wies, was die Erzherzoginn diesen Sommer hatte bauen lassen. Beym Weggehen sagte der Monarch der Erzherzoginn: Die Munterkeit der Nonnen gefällt mir besonders. Dieß ist ganz eine andere Gattung, als man sonst gesehen hat. Kurz darauf schrieb mir jemand, der den Kaiser gesprochen

chen hatte, daß er ihm gesagt habe: Er hätte gesehen, daß ich Alles in Allem bey der Erzherzoginn gelte; er könne es aber seiner Schwester nicht übel nehmen.

Dieser Besuch des Monarchen nützte uns in der Folge sehr viel. Er sah seine durchlauchtigste Schwester in der That vergnügt, konnte sich mit eigenen Augen überzeugen, daß sie ihre Wohlthaten an uns nicht verschwendete, wie man es ihm öfters beygebracht hatte, sah: daß sie uns durch ihre Gutthaten nur die täglichen, unentbehrlichen Bedürfnisse herstellte, das Haus in bessern Stand setzte, und die wohlthätige Pflege der Kranken beförderte. Von dieser Zeit an gab er uns öftere Proben seiner Huld und Gnade. Ich hatte es nicht vergessen, daß der gütige Monarch uns durch das Vermögen der aufgehobenen Dominicanerinnen in St. Andre in bessere Umstände zu setzen beschlossen hatte. Ich machte auf diese Gnade öftern Anspruch bey dem Gubernium in Graz. Allein man gab mir immer den Bescheid, daß der Monarch noch immer auf den Unterhalt der Klosterfrauen dieses Stiftes, und ihrer pensionirten Hausleute aus dem Religionsfond daraufzahlen müsse; ich mußte also gedulden, bis so viele Köpfe dieser Gemeinde abstürben, daß das Aerarium entschädiget würde; wo man sodann erst auf mich den Bedacht nehmen könnte. Bey diesem Versprechen blieb es auch bis jetzt. Es ereignete sich aber eine andere Gelegenheit, bey welcher mir der Monarch seine Gnade angedeihen ließ.

Schon im Jahre 1773 ließ uns die höchstselige Maria Theresia alle Erwerbungsquellen offen, die allen übrigen

rigen Klöstern versperret waren. Es mangelte nur immer an Gelegenheiten, sich dieser Gnade zu bedienen. Allererst unter Joseph dem Zweyten konnt' ich davon Gebrauch machen. Ich schloß mit der Frau Ursula von Eineth den Vertrag, daß sie nach ihrem Tode dem Kloster, wo ihre Tochter Johanna die Gelübde abgelegt, 3000 fl. geben solle. Ich bezog mich auf die Hofresolution von 1773, und machte eine Einlage an die Hofstelle. Der Monarch begnehmigte den Vertrag, und befahl, daß die Frau von Eineth sogleich eine Landschaftsobligation pr. 3000 fl. auf Namen des Klosters schreiben lassen solle. Herr Joseph Pobeheim, Vater der Professinn Anna Margarita, starb, und war dem Kloster noch 1000 fl., die er versprochen hatte, für seine Tochter schuldig. Sie standen aber nicht im Testamente. Der Universalerbe weigerte zu zahlen. Es kam zu einem Rechtshandel, den ich vollends gewann, weil ich mich auf meine Ausnahm vom Gesetze beziehen konnte. So starb ebenfalls zu dieser Zeit die Schwester der Ignatia Herlinginn. Ich meldete mich im Namen meiner Klosterfrau zur Erbschaft. Alle Ränke, die der Rechtsweg haben kann, wurden gebraucht, um mich von der Erbschaft auszuschließen. Allein, der Monarch, dem die Schriften in dieser Sache vorgelegt werden mußten, worunter auch eine von den Schwestern der Ignatia war, in welcher sie sich vermuthlich auf die bestehende Amortisationswege bezogen, gab den Bescheid: Daß dem Elisabethiner-Frauenkloster von Klagenfurt vermög höchster Verordnung von 1773 alle Aquisitionswege offen gelassen worden seyen. Ich bekam also mit geringen Unkösten den dritten Theil dieser Verlassenschaft mit 900 fl. Auch die Aufnahme der Kandidatinnen, zwey

Leyen-

Layenschwestern ausgenommen, wurde mir allzeit bewilliget. Da ich von der Gnade dieses verewigten Kaisers ohnehin noch einmal zu reden habe, will ich hier den Faden unserer Geschichte wieder ergreifen. In diesem Jahre starb Hr. Anton Hiersch, Schneidermeister allhier, und mit seinem Tode fielen dem Kloster 2000 fl. zu, die er für ein Krankenbett gestiftet hatte. Im Jahre 1784 starb auch die Freyinn von Gabelhofen, und ich richtete das von ihr schon längst gestiftete Krankenbett pr. 1000 fl. auf. Unaussprechlich ist es, mit welchem Vergnügen die Erzherzoginn, wenn es zur Aufstellung eines Krankenbettes kam, mir die Einrichtung dazu zufließen ließ. Alles war bey ihr in Bewegung. Alles mußte sogleich eingekauft und verfertiget werden, damit die Wohlthat für arme Kranke nicht verzögert würde. O sehr oft wünschte sie sich so viel Vermögen zu besitzen, daß unser ganzes Krankenhaus erweitert, mit Stiftungen versehen, mit Betten angefüllet, und für alle arme Kranke des Landes in unserm Haus Vorsehung gemacht werden möchte. Dergleichen wohlthätige Plane zum Gedeihen des ganzen Landes schrieb sie in schlaflosen Nächten, zeigte sie mir, und sagte scherzend: Hier lese! Es ist schon alles eingetheilt und richtig. Es mangelt nur noch die Kleinigkeit von 5 Millionen. Die beste der Fürstinnen! Hätte sie diese Summe in ihrem Beutel gehabt, ganz Kärnten wäre auf allzeit glücklich geworden. Doch sie that in dieser Absicht, was in ihrer Macht war. Gleich im ersten Jahre befahl sie ihrem Leibwundarzt Hrn. Xavier Störk, daß er unser Kloster und Krankenhaus unentgeltlich versehen solle, welches er auch durch 9 Jahre mit unermüdetem Fleiße und bewundernswürdiger Geschicklichkeit besorgte; wofür

F

wir

wir ihm auf ewige Weltzeiten verbunden sind. Da die die durchlauchtigste Frau von der Armuth des Landes immer mehr überzeugt ward, wünschte sie auch sehnlich, allen Unglücklichen und Preßhaften um so mehr Unterstützung angedeihen zu lassen. Sie erlaubte demnach, daß dieser geschickte Wundarzt zu allen Beschädigten in der Stadt und auf dem Lande gerufen, und die Arzney für die Armen auf ihre Rechnung aus der Stadt-Apotheke dürfte geholet werden. Unendlich ist all das Gute, was durch diese Quelle der leidenden Menschheit zufloß, unzählich ist die Menge, die auf diese Art ihre Rettung und Genesung der Milde Mariannens und der Geschicklichkeit des erfahrnen Störks zu danken hatten. Kein Tag verstrich, an welchem nicht Mehrere in unserm Krankenhause auf Störks Ankunft warteten, und mit gehörigen Mitteln versehen, getrost nach Hause giengen. Wir selbst sind Augenzeugen von manchen gefährlichen Operationen, die er in unserm Hause auf Kosten der Frau unternahm, und glücklich vollendete. Genug, wenn ich sage, daß die Erzherzoginn jährlich nur für arme Kranke in die Apotheke allein 3000 fl. gezahlt habe. O! wie viele Menschen erinnern sich annoch dieser Wohlthaten! Wie viele bedürften noch dieser Hülfe, die mit der unvergeßlichen Marianne begraben worden ist!

Im Jahre 1784 ward auch unsere Klosterkirche zu einer Pfarre erhoben, und erhielt sich gegen alle Einwendungen bis nach dem Tode der Erzherzoginn. Joseph von Edlingen ward unser erster Pfarrer. Wir erhielten durch diese Einrichtung den schönsten und ordentlichsten Gottesdienst, alle Sonntage und Feyertage zwey Predigten, tägliche

liche Ataneyen, Segenmessen, und Christenlehren. Bey dieser Gelegenheit zeichnete sich die Wohlthätigkeit der Fürstinn abermal aus. Wir hatten nur eine kupferne Monstranze und eine Lampe von Meßing in der Kirche. Die Erzherzoginn versah das Gotteshaus mit einer silbernen, vergoldeten und mit Granaten besetzten Monstranze, und mit einer silbernen Ampel, wie nicht minder mit einem Rauchfaß von Silber. Sie bereicherte ferner die Kirche mit einem schwarzen Ornate und mehreren schön genähten Meßkleidern. Den Fronleichnamsumgang bestritt sie (das erste Jahr ausgenommen) aus eignem Säckel. Da uns zu dieser Feyerlichkeit auf vier Altäre Bilder, Baldachin und Putz mangelten, ließ sie hierzu alles neu verfertigen. Dem Kirchendiener, der nun zugleich Pfarrsbüster wurde, gab sie monatlich 2 fl. Zulage, und schenkte ihm noch überdieß im Jahre manchen Ducaten. Auch nahm sie die Abhaltung des vierzigstündigen Gebeths am 6. Jäner nach Absterben des vorigen Gutthäters Hrn. Zenitsch über sich, und bezahlte die schöne Beleuchtung, die Musik, und alle Erfordernisse.

Im Jäner des Jahres 1785 erhielt ich wieder von der Königinn zu Neapel ein Geschenk von 1000 fl., die ich anwendete, einen Schuldner zu befriedigen. So sehr mich die Wohlthaten dieser großmüthigen jedesmal entzückten, so großen Antheil nahm die Erzherzoginn an der erhaltenen Hülfe, wovon freylich sie allein die erste Quelle war. Ich kann es nicht aussprechen, wie sehr es mich kränkte, so manches schöne Capital, wodurch ich fähig gewesen wäre, mein Haus und den Krankendienst zu verbessern, gerade von meiner Hand in jene des Gläubigers übergehen zu sehen. Allein ich hatte nun einmal beschlossen, mein Haus, es koste was es wolle, schuldenfrey zu machen.

Im Juny dieses Jahrs hatten wir abermal das Glück, Joseph den Zweyten, der nacher Italien reisete, und sich einige Stunden bey seiner Schwester aufhielt, zu sehen. Er hatte im Geleite den Grafen Ernst Kaunitz, hörte bey uns Messe, und ließ mich nach derselben in das Oratorium kommen, wo er mich ganz gnädig und herablassend um meine Gesundheit, um die Zahl meiner Krankenbetten und Stiftungen und hundert andere Umstände nach seiner Gewohnheit fragte. Es war mir sehr lieb, ihm sagen zu können, daß ich gerade ein Monat vorher ein neues Krankenbett aufgestellet hätte, welches von der Frau von Canal mit 2000 fl. gestiftet wurde.

In eben diesem Jahre stellte auch die Erzherzoginn ein neues Bett auf, wozu die Kranken unsrer Pfarre den ersten Zuspruch haben. Sie bezahlte dieses Bett mit jährlichen 80 fl. Es bekam aber weder ihr Wappen noch ihren Namen zur Aufschrift, sondern sie ließ es mit der Aufschrift: Pfarr St. Lorenzen, bezeichnen. Ich hab' noch nachzutragen, daß die große Fürstin schon die ersten zwölf Betten vollkommen neu einrichten ließ. Zu jedem Bette wurden zwey neue Matrazen, zwey kathunene Decken, und so viel neue Leinwäsche herbeygeschaffet, daß jedes Bett 6 Paar Leintücher, 6 Küssenzichen, 12 Tischtüchel, 12 Handtücher, 6 Hemden, 6 Nachtleibel, und 6 Schlafhauben erhielt. Eben diese Einrichtung mußte mir von der Zeit an jeder Stifter zu seinem Bette anschaffen.

Im Jahre 1786 erhielt die Fürstinn einen Besuch von ihrem Herrn Bruder dem Erzherzog Ferdinand von Mayland im Geleite seiner Frau. Die Erzherzoginn gab ihnen eine Academie, einen Bal und eine Beleuchtung. Die hohen Gäste kamen auch zu uns, besuchten das Krankenzimmer, und beschenkten mich bey ihrer Abreise mit 24 Ducaten.

Im Jahre 1787 empfiengen wir eine neue Gnade. Im Kirchthurme befand sich ein elendes Geläute. Man gab uns von der gesperrten Schutzengelkirche eine Glocke, die mit den andern nicht zusammenstimmte, und verkauft werden mußte. Das daraus gelöste Geld war nicht hinreichend, eine passende herzuschaffen. Nur Mariannens Mildthätigkeit hob alle Hindernisse, und befriedigte unsere Wünsche. Eben so war der Mangel einer Thurmuhr für uns und die sämmtliche Pfarrgemeinde unbequem. Wir erhielten auch diese, aber erst nach dem Tode unserer theuersten, unvergeßlichen Wohlthäterinn aus ihrem Palaste.

Der Winter des J. 1786 frommte der durchlauchtigsten Frau nicht am besten. Sie bekam einen Husten, der ihr sehr beschwerlich war. Wir trösteten uns aber mit dem Frühjahre, wo sich ihre Umstände allemal wiederum besserten. Am 6. August dieses Jahres starb Hr. v. Ödlingen, unser Pfarrer, und besonderer Günstling der Erzherzoginn. Er war auch von Jugend auf mein Freund. Die Vorsicht brachte uns hier in einer wunderbaren Lage in den heiklichsten Verhältnissen zusammen, wo er so oft mit seinem Rathe, mit seinem edlen Herzen und dem festesten

ſteſten Charakter meine große Stütze war. Lang und herzlich beweinten wir gemeinſchaftlich dieſen ſeltenen Mann, und konnten uns über ſeinen Verluſt nicht tröſten. Er ward an dem für ihn in unſerer Gruft beſtimmten Ort beygeſetzt.

Im Jahre 1787 wankte auch die Geſundheit der Erzherzoginn immer mehr. Ihr Athem ward von Zeit zu Zeit ſchwerer. Wir tröſteten uns aber immer damit, daß es ein Familienfehler ſeye, daß die höchſtſelige Kaiſerinn Maria Thereſia viele Jahre vor ihrem Tode daran gelitten habe, und dennoch 64 Jahre alt geworden wäre; daß Marianne überdieß bey weitem an ihrem Körper das nicht ausgeſtanden habe, was ihre große Mutter ausgehalten hatte; daß ſelbſt ihr Körperbau zu dieſem Uebel einige Veranlaſſung ſeye, daß ſie aber außerdem ſehr gut ausſehe u. ſ. w. O daß dieſe Tröſtungen gegründet geweſen wären! Wie glücklich wären wir noch! Allein je mehr wir uns tröſteten, und von Anderen tröſten ließen, um ſo weniger hoffte die Fürſtinn ſelbſt ihre gänzliche Geneſung, ſo, daß ſie von dieſer Zeit an immer ernſtlichere Vorkehrungen zu ihrem Tode zu machen anfieng. Sie hatte von der höchſtſeligen Kaiſerinn einen ziemlichen Vorrath von grauſeidenen Schnüren, durch die eigene Hand der unvergeßlichen Thereſia verfertigt, erhalten. Aus dieſen wollte ſie einen eigenen Ornat zu ihrem Todtengepränge machen laſſen.

Sie hatte ſchon ehedem noch in Wien ein Teſtament gemacht, in welchem ſie unſer armes Kloſter großmüthig bedachte, falls ihr der Zeitpunkt entgangen wäre, in

Kärnten

Kärnten ihre letzten Tage zu verleben. Indem sie aber bey ihrem Hierseyn von unserer ganzen Verfassung, von allen unseren Umständen ganz unterrichtet war, sprach sie sehr oft, daß sie ihren letzten Willen ändern werde. Sie ruhte auch nicht eher, bis dieser letzte Wille entworfen wurde. Noch war sie unschlüßig, ob es besser wäre, uns durch eine Donation inter vivos aufzuhelfen, oder in einem förmlichen Testament als Universalerben zu bestimmen. Sie wollte über diese Angelegenheit die Gesinnung des Kaisers erforschen, und seine Genehmigung erhalten. Sie schrieb daher am 22. Jäner 1787 nacher Wien in französischer Sprache:

„Indem ich mirs zum Gesetze gemacht habe, nicht „den mindesten Schritt von Bedeutung zu thun, ohne „vor der Hand den Beyfall E. M. zu haben, so nehme „ich mir die Freyheit, Ihnen in einer Angelegenheit mein „ganzes System zu offenbaren, welche mich zwar ganz al„lein betrift, und ich nicht früh genug geendiget wissen „kann. Sie ist folgende: Ich habe von der Gnade un„serer unvergeßlichen Mutter ein Capital von 1,20,000 „fl. in Ungarn angeleget, über welche mir Euer Maj. „selbst die freye Disposition erlaubet haben, was ich auch „nun mit Ihrer Genehmigung zu vollziehen gedenke. „Das beygeschlossene Papier enthält den feyerlichen Act, „den ich noch nicht unterschrieben habe, um ihm nicht „eher eine giltige Kraft zu geben, bis Sie ihn gesehen, „und, wie ich hoffe, begnehmiget haben werden. Ich „bitte Euer Maj. auf diesen Fall ganz unterthänig, Ihren „Beyfall darunter zu schreiben, Ihren Namen dazu zu „setzen, unter welchem Schutz ich sodann meinen Namen
„und

„und mein Pettschaft mit großer Freude dazu fügen wer-
„de. Diese Vorsicht und Rechtskraft dient, um die Be-
„stehung eines Klosters auf ewige Weltzeiten festzusetzen,
„welches durch seine nützlichen Dienste unter den armen
„Unterthanen E. M., wie ich es täglich mit Augen sehe,
„Wohlthaten verbreitet; in einem Lande, wo es keinen
„Ort giebt, als Kranker gepfleget und gewartet zu wer-
„den. Es ist wahr: Sie werden in den ersten Jahren
„von diesem Kapital wenig genießen, und es wird ihnen
„gleich Anfangs für das, was ich ihnen jetzt zufließen
„lasse, kein Ersatz seyn, weil ich auf dieses Capital die
„wenigen Pensionen gegründet habe, die ich solchen Per-
„sonen, die mir vorzüglich gut gedienet haben, auszuse-
„tzen beschloß. Dieß wird der Augenblick seyn, wo sie
„die Güte, die E. M. diesem Orden gewidmet zu haben
„beweisen, nothwendig erwarten müssen. Es verhandelt
„sich hier um eine Gnade, um die ich in dieser Gelegen-
„heit für mich und für diese Klosterfrauen bitte, nämlich
„die Gnade, das Kloster von der Sterb- und Erbsteuer,
„und, wie sie immer heißen können, zu befreyen, und
„mir dieses schriftlich zu geben, damit auch nach meinem
„Tode nichts gefordert werden könne. Ich hoffe, E. M.
„werden all dieß begnehmigen, und mit ihrem Gutachten
„versichern. Hätten Sie aber einige Zweifel darüber, so
„bitte ich inständig, mich diesfalls mit der nämlichen
„Aufrichtigkeit zu befragen, mit welcher ich mich geäußert
„habe, und ich verspreche, Ihre Fragen ganz zu beant-
„worten. Ich tritt' in die Jahre ein, die jedem Weibe
„gefährlich sind, und mir scheint es, daß man sich um
„so weniger mit diesen Geschäften abgeben wolle, je älter
„man wird. Ich will mich demnach jetzt in diese Ver-
„fassung

„faſſung ſetzen, um mich mit keinem andern Dinge mehr
„beſchäftigen zu dürfen, als wie ich die Ruhe genießen,
„in die mich E. M. verſetzten, und den gebrechlichen
„Körper ſo lange, als es die Vorſicht will, erhalten kann.
„Vielleicht dürften E. M. denken, daß, wenn ich dieſes
„Capital weggäbe und indeſſen Schulden machte, nichts
„übrigen würde, ſelbe zu bezahlen. Allein ich habe, Gott
„Lob! keine, und hoffe auch nicht, welche zu machen;
„denn, ſollte mich ein unerwartetes Unglück treffen, oder
„würde ich in die Nothwendigkeit verſetzet, unumgängli-
„che Auslagen zu machen, ſo hätte ich (Ich verſpreche
„es E. M.) die Kühnheit, Sie darüber anzuſprechen.
„Sollten aber E. M. zweytens es zu größerer Sicherheit
„ausdrücklich fordern, ſo kann ich das Bedingniß beyfü-
„gen, daß, wenn ich bey meinem Tode mehr Schulden
„hätte, als der Verkauf meiner Fahrniſſen betragen ſoll,
„man auch alsdenn das Capital mit in das Mitleiden
„ziehen müſſe. Dieß iſt der einzige Zweifel, der E. M.
„bey dieſer Angelegenheit auffſteigen könnte, und welchen
„Sie mir vielleicht ungern geoffenbaret hätten. Ich hoffe,
„ihn gehoben zu haben, und verſichere E. M. meiner
„vollkommenen Ehrfurcht und Ergebenheit."

Antwort S. M. des Kaiſers.

„Liebe Schweſter!
„Ich habe den Brief, den Sie mir geſchrieben haben,
„nebſt der beygelegten Schrift, die ich Ihnen wiederum
„zurückzuſchicken die Ehre habe, empfangen. Um Ihnen
„aufrichtig meine Meinung darüber zu ſagen, rathe ich
„Ihnen, um alle Umſtände und Zweydeutigkeiten, die
„ſich

„sich ereignen könnten, zu vermeiden, keine Donation in„ter vivos zu machen, wohl aber ein förmliches Testament, „worin Sie das Kloster der Elisabethinerinnen zu Klagen„furt zum Universalerben ernennen. Dieß sagt mit einem „Worte Alles; denn die Legaten, die Sie zu machen belie„ben, werden gleichfalls darin benennet werden können, „und die Schulden, wenn einige vorhanden wären, werden „ohnehin von der ganzen Testamentalmasse abgezogen. Die „Substitution, im Fall das Elisabethinerkloster aufhörete, „ist ganz zwecklos, weil es gerade unmöglich ist, und von „einer bloßen Willkühr abhieng, wodurch die wahren noth„leidenden Kranken nicht erleichtert würden. Dieß ist mei„ne Denkungsart in der Sache. Weil Sie es gefordert „haben, habe ich Ihnen meine Meinung gesagt. Mit ei„ner zärtlichen Umarmung bitte ich Sie, zu glauben, daß „ich lebenslänglich bin ꝛc."

Die Fürstinn war mit diesem Schreiben des Monarchen außerordentlich zufrieden, und dankte ihm für selbes in folgenden Ausdrücken:

Klagenfurt am 4. Febr. 1787.

„Ich habe das gnädigste Schreiben erhalten, und „danke unterthänigst, daß Ew. Majestät Ihre Meinung „geäußert haben. Im Grunde sehe ich, daß Ew. Majest. „meinen Entwurf, mein Kapital dem Elisabethinerkloster „zu schenken, billigen. Wir sind nur in der Art verschie„den. Ich hatte die Art der Donation gewählt, um mich „zu beruhigen, und die Sache unter meinen Augen befesti„get zu sehen, besonders weil man, im Falle ich das Un„glück hätte, Ew. Majestät zu überleben, nicht wissen kann,

„ob

„ob auch Ihre Nachfolger für diese Verfassung so vortheil-
„haft denken werden. Da mir scheint, daß die Substi-
„tution nicht Ihren Beyfall hat, könnte man sie ganz weg-
„lassen. Oder — Sollte doch eine seyn, so bitte ich Ew.
„Majestät, mir zu sagen, welche die beste wäre. Glauben
„aber Selbe, den Weg des Testaments besser zu seyn, so
„werde ich blind Ihrem Befehle folgen, und bitte, meiner
„vollkommensten Ergebenheit versichert zu seyn ꝛc.

Von diesem Augenblicke an verlor die Fürstinn keine
Zeit, ihr Testament zu machen, und ihren letzten Willen in
Ordnung zu bringen. Sie sagte immer, daß sie damit
nicht zu warten habe, indem sie nur gar zu gut merke, wie
ihre Gesundheit abnehme, und daß sie sich die bittersten
Vorwürfe machen würde, wenn sie zu unserm Besten etwas
versäumet hätte. Wie oft traf ich sie in dieser Beschäfti-
gung an! Aber allezeit fand ich an ihr den ihr sonst ganz
eigenen muntern Geist, als ob die ganze Sache sie selbst
nichts angieng. Da sie mir von ihren wohlthätigen und
großmüthigen Gesinnungen gegen uns kein Geheimniß
machte, so bath sie mich auch öfters um Vergebung, daß
sie mir so viele Pensionisten aufladen müsse, indem sie doch
Leute belohnen wollte, die ihr treu gedient hätten. Sie
versicherte mich aber zugleich, daß sie schon auf eine andere
Art für uns sorgen würde, damit wir in der Zwischenzeit,
bis die Pensionisten abstürben, keinen Mangel leiden sollten. Ich müßte ganze Bücher voll schreiben, wenn ich
alle die Ausdrücke, alle die schönen und erhabenen Züge,
alle die unnachahmlichen Beweise von Gnade, Großmuth,
Liebe und Freundschaft, die sie in dieser Angelegenheit so
oft und vielmal äußerte, hier wiederholen sollte. Noch
weniger

weniger fände ich Worte, meine Empfindungen über diese ihre so seltene Güte zu schildern. Da dieß nun der tägliche Gegenstand unserer Unterredungen blieb, so kam ich auch selten mit trockenen Augen von ihr nach Hause. Nur die einzige Hoffnung, daß mich meine eigene elende Gesundheit diesen erschrecklichen Zeitpunkt nicht werde erleben lassen, tröstete mich manchmal ein wenig. Ihr Testament ward nun vollendet, am 17ten März dieses Jahres gefertiget, und von den gehörigen Zeugen unterschrieben. Zugleich erhielt Graf Enzenberg eine Donation, vermöge welcher er die Bergwerke in Ungarn erbte, sich aber verbindlich machen mußte, uns jährlich, bis die Pensionen auf die letzten 500 fl. abstürben, 1000 fl. zu geben.

Im April dieses Jahres 1787 hatte die beste Fürstinn abermals einen neuen Anstoß in ihrer Gesundheit. Sie bekam ein Geschwür an ihrer rechten Brust. Wir erschracken eben nicht zu sehr darüber, weil wir hofften, daß dieser Zufall, der ohne äußerliche Ursach entstand, ihren schweren Athem erleichtern werde. Die Frau litt große Schmerzen, und die Oeffnung des Geschwüres mit vieler Standhaftigkeit. Die Wunde heilte glücklich; aber die Folgen, die wir hofften, mangelten. Ihr Zustand blieb beym alten und ward nicht erleichtert.

Wie die Fürstinn, nach obiger Erzählung, mit der Verfertigung ihres letzten Willens geeilet hat, eilte sie auch mit andern Dingen, die sie sich vorgenommen hatte, weil man es ihr nicht ausreden konnte, daß ihrer Lebenstäge nicht viele mehr seyn würden. Sie hatte noch einige reiche Stoffe, von welchen sie uns einen prächtigen Ornat und

Meß-

Meßgewände machen ließ. Sie erkaufte auch von dem aufgehobenen Stifte St. Paul einen schönen Ornat mit Gold und Seide gestickt. Eben so freygebig war sie in Anschaffung weißer Wäsche zur Kirche. Sie fragte mich öfters, was etwa in unserm Kloster noch nothwendig zu machen oder einzurichten sey, allezeit mit der Anmerkung: „denn jetzt kann ich es dir noch thun, nach meinem Tode, „aber wirst du auf jeden Kreutzer zu sehen haben." Im Sommer dieses Jahres wurden wir wieder ein wenig ruhiger, weil sich ihre Gesundheit zu bessern schien. Sie genoß die freye Luft öfters im Garten, obschon sie wegen Beschwerde des Athems wenig Bewegung machen konnte.

Im Jahre 1788 ließen Se. Fürstl. Gnaden, Hr. Bischof Salm zwey Krankenbetten aufstellen, für welche ich jährlich 160 fl. erhalten sollte. Zugleich erhielt ich von Sr. Majestät dem Kaiser den höchsten Befehl: „zwanzig „Krankenbetten aufzustellen, und für jedes derselben jähr„lich 60 fl. aus dem Religionsfond zu erheben." Zum Unglück hatte ich nur für fünf Betten Platz übrig, und konnte ihrer auch nicht mehrere annehmen. Da mir aber die Hindanlassung der 15 Betten nicht gleichgültig war, so blieb mir nichts übrig, als dem allergnädigsten Monarchen eine Vorstellung zu machen, und Höchstselben um Erweiterung des Krankenhauses zu bitten. Diese Erweiterung konnte aber nicht geschehen, wenn man nicht das an unser Krankenhaus anstoßende Strickerhäuschen erkaufte. Se. Majestät schienen auch hierzu ganz geneigt zu seyn, indem Sie die Bauüberschläge zu machen befahlen.

Der

Der Plan zu dem neuen Gebäude wurde von Seiten des Kreisamtes auf das nachdrücklichste betrieben. Besonders verwendete sich der Freyherr v. Kulmayr zu unserm Besten in dieser Angelegenheit sehr eifrig. Als man aber unserm Nachbar, dem Strickermeister Christian Osterwitzer das Ansinnen machte, sein Haus feil zu biethen, verweigerte er dieses unter allerhand Ausflüchten. Freyherr von Kulmayr und ich wandten alles an, ihn hiezu zu bewegen, aber vergeblich. Keine Vorstellungen und Gründe von Religion, Nächstenliebe, allgemeinem Wohl, wirkten auf diesem störrigen Mann. Diese Weigerung mußte man dem Monarchen berichten, und wir konnten vorhersehen, was der Erfolg seyn würde. Ich entschloß mich sogar, den in unserm Klosterhofe von der durchlauchtigsten Erzherzoginn neuerbauten Stock herzugeben. Dieses Gebäude kostete der Fürstinn beynahe 3000 fl., und war sehr nothwendig für unser Kloster, welches sowohl an Klosterfrauen als Kranken merklich zugenommen hatte. Wir brauchten mehrere Dienstbothen, für die wir aber die Wohnung nicht hatten. Auch mangelte es uns an Behältnissen für Getraide, Obst, Mehl und Milch, an einem Kräuterboden, an Kammern zu nothwendigen Apothekervorräthen; welches alles durch die Gnade der Erzherzoginn in diesem Gebäude hergestellet worden ist.

Allein dieses Gebäude, nur zu Behältnissen gewidmet, hatte keine Anlage, in ein Krankenhaus verwandelt zu werden, außer es wäre vom Grunde aus abgebrochen und neu aufgeführet worden. Diese Unkösten waren zu hoch. Die Weigerung des Strickers blieb unüberwindlich, von der andern Seite glimmte der Türkenkrieg, und so gieng

gieng dießmal all mein Bestreben für die Beförderung des allgemeinen Wohls leer aus. Noch thut es mir in der Seele weh, daß ich die 15 Betten aus Mangel des Raumes nicht annehmen konnte. Wie vielen armen Kranken des Landes wäre damit geholfen gewesen! Die fünf Krankenbetten wurden also bey uns errichtet, und die übrigen 15 nach der Hand den barmherzigen Brüdern nach Laybach, woselbst Ueberfluß an Raum war, für Verpflegung kranker Weibspersonen überlassen. Das 24ste Krankenbett, womit der letztmögliche Platz angefüllet ward, wurde auf Kosten Sr. Excellenz des Herrn Grafen Vincenz von Robsenberg errichtet.

Bey herannahendem Winter vom Jahre 1788 auf das 1789ste ward die Gesundheit der durchlauchtigsten Fürstinn sehr bedenklich. Sie bekam den gewöhnlichen Husten viel stärker und anhaltender, als in den vorigen Jahren. Die Beschwerniß des Athems vermehrte sich von Tag zu Tag. Die beste Fürstinn durfte fast nichts von Speisen genießen, ohne dafür durch einige Stunden die beschwerlichste Beklemmung in der Brust zu fühlen. Dieß machte, daß sie beschloß, während dem ganzen Decembermonathe nichts als eine Suppenspeise zu essen. Diese Mäßigkeit erleichterte ihren Zustand einigermaßen, aber nicht merklich. Die Anfälle kamen wieder, bald stärker, bald schwächer. Man kann denken, daß Hr. Protomedicus v. Vest und Hr. Störk sich alle Mühe gaben, der Frau Erleichterungsmittel zu verschaffen. Aber es lag leider! nicht in ihrer Macht, ein altes, eingewurzeltes Uebel aus dem Grunde zu heben, da man noch dazu behauptete, und der Leibmedicus, Baron Störk, der nebst der höchstseligen Kaiserinn Maria Theresia

auch

auch unsere Erzherzoginn durch einige Jahre behandelte, es oftmal versicherte, daß das Uebel, woran Marianne litt, ein unglückliches Familienübel sey. Es wurde auch ohne den weisen Rath dieses kündigen Mannes nichts unternommen. Noch sahen wir freylich keine nahe Gefahr; aber wir konnten fürchten, daß, wenn dieses Uebel immer so zunehmen sollte, als es in diesem Jahre zunahm, die Tage der unvergleichlichen Fürstinn sich über ein Jahr nicht erstrecken könnten. Wir sahen sie täglich leiden, ohne das mindeste zu ihrer Erleichterung beytragen zu können. Sie kam diesen Winter hindurch sehr wenig aus ihrer Kammer. Nur an Sonn- und Festtägen, wenn sie außer dem Bette war, kam sie noch zu uns in die Messe; aber auch da, weil sie nicht im Stande war, den Gang auszudauern, wurde sie in einem Radsessel durch ihre Kammerleute hingeschoben. Meine eigene Gesundheit war ebenfalls für diesen Winter elend, und es traf sich, daß ich manchen Tag die Gnade entbehren mußte, zur Erzherzoginn zu kommen, oder sie bey mir zu sehen. Da sie sich immer mit Todesgedanken beschäftigte, sagte sie oft, daß wir beyde in diesem Jahre sterben würden. Eben am 1. Jänner 1789 war ich krank. Die Fürstinn gab an diesem, wie an andern Tagen ihrer Ankunft, ihres Namens und der Geburt dem ganzen Convent den Handkuß im Oratorio, und da ich diesmal nicht zugegen war, sagte sie den Klosterfrauen: „Ich bitte, bethen Sie für mich und die Oberinn; denn dieses Jahr ist abscheulich für mich. Die Oberinn verlieren wir gewiß. In diesem Jahre geschieht etwas; entweder ich sterbe, oder die Oberinn, oder wir alle beyde." Dann kam sie in mein Zimmer, und sagte mir das Nämliche, wobey sie zu weinen anfieng. Ich war selbst gerührt, that mir

Mühe, unsern Kummer und unsere Thränen vor ihren Augen zu verbergen. Die Frau konnte auch keinen Schritt mehr mit uns gehen, sondern ließ sich in einem kleinen Wagen neben uns her führen. Gleichwohl, so beschwerlich es ihr auch war, veranstaltete sie ein Kegelscheiben, und setzte uns die schönsten Preise auf. Sie that sich alle Gewalt an, uns aufzumuntern. Aber unsere Herzen waren zu beklemmt, als daß uns Freude und Fröhlichkeit natürlich seyn konnten. Traurige Ahndungen stiegen in uns auf, und wir sagten es uns in das Ohr: Wir sind gewiß zum letztenmale hier. Die Frau wird sterben. Wir haben sie künftiges Jahr nicht mehr. Fürchterliches Vorgefühl, leider! schon nach 3 Monaten ganz wahr befunden!

Durch acht Tage darnach, kam die Frau nicht mehr aus ihrer Kammer, und brachte die meiste Zeit nur im Bette zu, glaubte auch selbst nicht, daß sie es noch einmal verlassen würde. Doch die Arzney, die sie dazumal brauchte, wirkte so viel, daß der Zustand auf kurze Zeit etwas erträglicher ward. Die vortrefliche Fürstinn benützte diese Zeit zu ernstlichern Vorbereitungen auf den Fall ihres Todes, und machte gleichwohl untereinst immer Anstalt zu kleinen Unterhaltungen für die Ihrigen. Sie veranstaltete daher eines Tages ein Kegelscheiben, wozu die Enzenbergische und Cristalniggische Familie und der Dechant Paulitsch geladen wurde, denen sie verschiedene Galanterien als Preise aufsetzte. Gleich darnach gab sie auch ihren Kammerleuten ähnliche Preise zum Ausspielen, fand sich selbst dabey ein, und vergnügte sich damit, indem sie sah, daß Andere sich freuten. Sie kam von dieser Unterhaltung sehr matt und entkräftet zurück, und sagte zu mir: "Dieß ist wohl das

„letzte-

„letztenmal, daß ich meinen Leuten eine frohe Stunde mach„te. Es wird so lang nicht anstehen, und sie werden Ur„sach zu trauern haben."

Gegen Ende Septembers redete sie eines Tages sehr ernsthaft von ihrem nahen Tode, von ihrem Testamente, und von allem dem, was sie nach ihrem Hinscheiden wünschte. Ich äußerte mich, es wäre wohl möglich, daß uns, wenn wir so unglücklich seyn sollten, sie zu verlieren, auch das Schicksal treffen könnte, was so viele Klöster getroffen hätte, nämlich aufgehoben zu werden; wo sodann alle so vorsichtig getroffenen Anstalten, ihre so großmüthigen Gesinnungen gegen uns zernichtet seyn würden ꝛc. Ich dachte nichts weniger, als daß die Frau diesen meinen Einfall so ernstlich nehmen würde, als sie ihn wirklich nahm. Da ich Tags darauf zu ihr kam, zeigte sie mir ein Papier, woran sie die ganze Nacht geschrieben hatte. Es war eine Substitution, vermöge welcher (wenn der Fall der Aufhebung eintreten dürfte) ihr Vermögen für andere wohlthätige Stiftungen in Kärnten bleiben sollte. In dieser Substitution gab mir die beste Fürstinn einen neuen Beweis ihres vortreflichen Herzens, ihrer Gnade und Freundschaft gegen mich, indem sie mir für den Fall der Aufhebung eine Pension von 400 fl. bestimmte, und sich mit den Worten ausdrückte: Zum Beweis meiner besondern Freundschaft für sie. Sie befahl mir, Hrn. v. Baumgarten rufen zu lassen, damit er diesen ihren Entwurf sogleich in Ordnung und Richtigkeit bringen könnte. Auch Kärnten erhielt durch diese Substitution eine neue Probe von Marianens vorzüglichem Wohlwollen gegen ein Land, worin sie ihre Wohnung aufgeschlagen hatte.

Wir

Wir hatten in diesem Jahre eine große Theurung wegen eingetretenem Mißwachs, so, daß man den Vierling Korn mit 5, und den Vierling Weitzen mit 7 fl. bezahlen mußte. Die Frau hatte Mitleiden mit uns; und veranstaltete, daß wir diese Gattung Getraide, so viel wir für dieses Jahr nöthig hatten, aus Oesterreich erhielten, wobey ich dem Convente eine Ersparung von 300 fl. verschaffte, weil die wohlthätige Fürstinn die Frachtkösten über sich nahm. Ihr Mitleiden erstreckte sich aber auch auf alle Arme im Lande, denen sie zu helfen wünschte. Sie schrieb daher ihrer durchlauchtigsten Schwester, der Königinn von Neapel, stellte derselben den Mangel und die Armuth des kärntnerischen Volkes vor, und äußerte den Wunsch, von daher Getraide zu erhalten, um es unter die Dürftigen vertheilen zu mögen. Die großmüthige Königinn, die im Wohlthun, gerade wie Marianne, keine Gränzen kennt, befriedigte die Wünsche der geliebten Schwester über alle Erwartung. Sie schenkte der Erzherzoginn 6000 Vierling Korn, und ließ es auf einem Schiffe bis Triest abliefern. Da aber die Fracht von Triest bis Klagenfurt zu hoch gekommen wäre, fand man es portheilhafter, das ganze Quantum in Triest zu verkaufen, und das gelöste Geld unter die Armen zu vertheilen. Zwey und zwanzig tausend und einige hundert Gulden wurden wirklich noch im October unter die Armen hiesiger Stadt und des ganzen Landes vertheilt. Unbeschreiblich war das Vergnügen, welches die große Wohlthäterinn fühlte, indem sie noch vor ihrem Tode dem begünstigten Lande, wo sie so zufrieden lebte, eine so ausgezeichnete Gutthat erweisen konnte. Die Stände, gerührt über diese für das Land Kärnten so portheilhafte edle Denkungsart, überreichten der Erzherzoginn eine gefühl-
volle

volle Dankschrift, und protocollirten diese letzte Gnade in dem Archive des Landhauses.

Am 6. October, an ihrem Geburtstage, ließen wir wie gewöhnlich, ein feyerliches Hochamt halten. Sie konnte diesem nur mit der größten Anstrengung beywohnen. Nachmittag machten ihr die Klosterfrauen in ihrer Kammer mit Musik eine kleine Unterhaltung. Aber wir hatten dabey mehr Ursach zu weinen, als fröhlich zu seyn. An eben diesem so frohen Tage war ihre Gesundheit sehr elend, und ihr Gesicht von der Beschwerlichkeit des Athems sehr entstellt. Der Text enthielt lauter heiße Wünsche für ihre längere Erhaltung. Dieß rührte sie. Sie fühlte und weinte mit uns in die Wette. Tags darauf — Nie werde ich den Tag vergessen — er war der letzte frohe, muntere Tag, den Marianna in der Welt genossen hat — O wie munter war sie! Ihre Gesichtsfarbe stach von der vortägigen sehr stark ab, ihr Athem war leidlicher. Ich, der ehemalige Abt zu St. Paul, v. Edling, und Hr. v. Baumgarten saßen bey ihr im Cabinet, unterhielten sie bis 6 Uhr Abends, und wetteiferten durch witzige Einfälle und launigte Abwechslungen in mehreren Materien ihrem großen Geiste Nahrung zu geben. O wie dankten wir Gott, als wir von einander giengen, für die Hoffnung, die uns alle drey belebte, für den Schein von Hoffnung, daß sich die Frau erholen würde. Allein am 8. October fiel, leider! diese schöne Hoffnung schon wieder zu Boden. Ich fand die Frau im Bette, und von diesem Tage an kam sie nicht mehr aus ihrer Kammer. Sie lag nicht stets, that sich alle Gewalt an, aufzustehen, und arbeitete auf dem Sopha sitzend. Alle Tage sagte sie uns mit vieler Gewißheit, daß

ihr

ihr Ende herannahe, und kehrte sich nicht an unsre Thränen. Sie unterließ keinen Tag, etwas anzuordnen, was noch vor ihrem Tode geschehen sollte. Sie hatte im Sinne, in meinem Zimmer das Kanapee, die Sessel und die Bettvorhänge zu erneuern. Dieß aber sollte allererst im December an meinem Namenstage geschehen. Sie that es aber gleich, weil sie dazumal nicht mehr im Leben seyn zu können behauptete. So pflegte sie auch, jährlich mit eintretendem neuen Jahre die gräflich-Enzenbergische und Cristalniggische Familie zu beschenken. Diesmal machte sie diese Geschenke mit 1. November, weil sie den Neujahrstag nicht mehr zu erleben wähnte. Noch konnte sie uns zwar nicht so ganz überreden, daß alle ihre Vorhersagungen sogestaltig eintreffen würden. Wir waren ihre Umstände gewohnt, und ihr munterer Geist täuschte uns. Am 31. October verordnete Doctor Gaggl den Gebrauch der sogenannten Egel. Dieß verschaffte ihr sonst viele Erleichterung; aber, diesmal sah ich die gewöhnliche Wirkung nicht mehr. Die Frau war diesen Abend matt, stille, in sich gekehrt, und alles schien mir bedenklich. Am 1. November legte ich mich selbst zu Bette. Ich kann meinen Schrecken nicht beschreiben, da mir Doctor Gaggl die Umstände der Erzherzoginn als gefährlich schilderte, und daß, wenn es mit ihrem Athem so schwer fort gehen sollte, die Gefahr eines Schlagflusses obwalte. Ich konnte nicht ruhig seyn, und ließ mich immer um die Lage der Fürstinn erkundigen. Auch die Erzherzoginn schickte mir nach zwey Stunden ihre Kammerdienerinn. Allein die gute Frau ließ mir tröstlichere Berichte geben, als man sie geben konnte. Sie fürchtete, der wahre Bericht würde mir in meiner dermaligen Lage schädlich seyn. Ich that mir die Gewalt an, am 3. November, Abends

um

um 7 Uhr, mich aus dem Bette zu begeben, und besuchte die hohe Kranke. Wie erschrack ich, als ich alle ihre Leute mit verstörten Gesichtern in der Kammer fand! Mit pochendem Herzen näherte ich mich dem Krankenlager der Erzherzoginn, und fand den Hrn. Dechant Paulitsch mit einer Mine, die mir nichts Gutes verkündigte. Auf meine Frage, wie sie sich befände, erhielt ich keine Antwort, sondern nur die Versicherung, daß sie mit Vorenthaltung der wahren Umstände meiner Gesundheit habe schonen wollen. Ich beobachtete die Frau genau, und bemerkte, daß sie einen äußerst schweren Athem holte. Sie gestand mir endlich, daß sich ihre Umstände seit 24 Stunden sehr verschlimmert hätten, daß sie sich vielleicht noch an diesem Tage würde versehen lassen. — O Gott! wie mich dieß erschütterte! Ich gerieth in ein lautes Schluchzen und Weinen. Herr Dechant gieng auf ein Paar Minuten hinaus, und ich — konnte mich nicht mehr halten, fiel der kranken Frau um den Hals, und ließ meinen ganzen Schmerz ausbrechen. Sie wollte mich beruhigen und trösten, hatte aber kein Vermögen dazu; denn sie wußte wohl, daß man über einen solchen Verlust nicht könne getröstet werden. Als wir uns beyde erholeten, sagte sie: "Beruhige dich, "meine Freundinn! Sonst machst du mir meinen "Tod sehr schwer. Ich muß bekennen, daß es mich "auch viel koste, dich und meine übrigen Freunde "zu verlassen, und daß mein Geist ein wenig erschüttert ward, als mir Gaggl sagte; er fände Gefahr. Doch hat mir Gott die Gnade gegeben, um "die ich ihn täglich bath, und ich bin zu allem be"reit, was er mit mir machen will." Sie redete mit mir noch viel, und befahl mir endlich, nach Hause zu gehen,

die

die Klosterfrauen vorzubereiten, und zu gewärtigen, daß das Abendmahl und die Wegzehrung, die sie lieber noch heute nehmen wolle, von ihnen begleitet werde. Gaggl kam und stellte es der Erzherzoginn frey, diese heilige Handlung auch folgenden Tages zu vollziehen. Sie wollte es auf der Stelle abgethan wissen. Der Adel und auch einige von den Hofleuten waren in dem Theater. Man holte den erzherzoglichen Kammerdiener aus dem Schauspielhause, und ich ließ es auch einigen andern sagen, daß man noch heute um 9 Uhr die Erzherzoginn versehen würde. Diese Nachricht machte eine unbeschreibliche Bewegung. Alles lief aus dem Theater. Viele von dem Adel kamen noch zur Stunde, um das Hochwürdigste zu begleiten. Ich und meine Klosterfrauen giengen mit brennenden Wachskerzen über den Gang in das Vorzimmer, so, daß wir gerade vor der Thüre zu stehen kamen und alle Worte hören konnten. Mich ließ die hohe Patientinn bis zum Bette treten, die Hof- und Stadtleute waren im gegenüberstehenden Vorzimmer bey geöffneter Thüre gegenwärtig. Bethen konnten wir nicht; aber unsere Thränen schrien zu Gott um Hülfe. Ich übernachtete bey der Erzherzoginn. Gaggl und Störk, immer auf den sich erhebenden Pulsschlag aufmerksam, unternahmen eine Aderlaß, auf welche sich die Patientinn besser befand, weniger schwer athmete, ganz munter und heiter ward; aber immer noch keinen Schlaf gewinnen konnte. Nach dieser anscheinenden Besserung um halb 12 Uhr begaben sich die Enzenbergischen und Cristalniggischen Familien nach Hause. Wir alle wurden durch diesen Schein von Erholung aufgerichtet, und hofften auf Besserung. So blieb es bis auf den 14ten; die Frau hatte abwechselnd bald mehr, bald weniger Stocken. Sie konnte

wieder

wieder manche Stunde außer dem Bette seyn, hatte manch: mal Kopfschmerzen, kleine Uebelkeiten, doch keine auffallende, das Uebel verschlimmernde Zufälle; nur Schlaf mangelte immer und ewig. Durch sechs Tage übernachtete ich in Gesellschaft einer Kammerdienerinn bey der hohen Kranken, und war Augenzeuge, wie sie durchaus auch die kleinste Erquickung vom Schlafe entbehren mußte. Die meiste Zeit saß sie im Bette, und die mindeste Bewegung, die kleinste Anwendung, um sich in eine andere Lage zu versetzen, brachte sie dem Ersticken nahe. Oft sagte sie uns: „Ich sehe wohl, daß ich in dieser Welt nicht mehr „schlafen werde; aber um so mehr wird mir in je: „ner Welt die Ruhe wohl thun." Kein Tag verging, daß sie nicht einige Vorkehrungen zu ihrem bevorstehenden Hintritt gemacht hätte. Wir mußten alle Schränke öffnen, eine Schublade nach der andern an das Bett bringen, wo sie dann in Absicht auf Schriften und andere Dinge die gehörige Anordnung machte. Sie ließ den Sarg und das Bahrtuch von schwarzem Sammet und Silberstoff schon in diesen Tagen verfertigen, und schrieb noch alle Posttage ihren Erlauchten Geschwistern selbst einige Zeilen über ihr Befinden, und ihre mißliche Lage. Sie gab mir alle Jahr ihre abgelegten Kleider, um selbe unter Hausarme zu vertheilen. Nun ließ sie sich das Verzeichniß ihrer Garderobe reichen. „Freue dich, sagte sie, denn du wirst dießmal „viel auszutheilen haben." Täglich fragte sie mich, ob ich nicht glaubte, daß sie bald sterben würde? und so fragte sie auch wechselweis alle Uebrige, die um sie waren. Sie schien sich allzeit zu freuen, wenn sie merkte, daß ihre Kräfte so nach und nach dahin schwanden, weil sie es für ein Zeichen einer baldigen Auflösung hielt. Sie schrieb in

diesen

diesen letzten Tagen ein Verzeichniß jener Personen, denen sie aus ihrer Chatoulle ein Andenken bestimmt hatte, und gab es mir zu lesen. „Sage mir, sprach sie, ob ich nicht „etwa jemanden vergessen habe! Du weißt, wem „ich etwas zudachte." Ich erinnerte sie wirklich an Einige, die ihrem Gedächtniß entfallen waren. Am 14. Nov. bekam sie nach Mittag eine kleine Ohnmacht, und sogleich drang sie darauf, daß man ihr die heilige Salbung geben solle. Sie fürchtete immer, man würde es versäumen, und obschon Doctor Gaggl keine nahe Gefahr sehen wollte, ward doch diese Handlung auf den folgenden Tag bestimmt. Sie hatte in ihrem Zimmer eine Kapelle, worauf sie aus ihrem Bette sehen konnte. Während ihrer Krankheit hatte sie eine tägliche Messe gehört, und wie sie sonst alle Sonn- und Festtäge gewohnt war, so ließ sie sich jetzt alle andere und dritte Tage communiciren. Am 15ten, der ein Sonntag war, verrichtete sie ihre Andacht sehr früh, und sagte mir schon um 7 Uhr, daß sie nur den pfarrlichen Gottesdienst abwarten wolle, um keine Stöhrung der Ordnung zu veranlassen; um 10 Uhr aber würde sie sich die letzte Oelung geben lassen. Sie erlaubte, daß ich mit dem Grafen Enzenberg, Cristalnigg und Fräulein Heinrichsberg der heiligen Handlung beywohnen dürfte. Die hohe Pazientinn begleitete den Priester in allen vorgeschriebenen Gebeten mit lauter Stimme in der größten Geistesversammlung, so, daß Herr Dechant Paulitsch, Herr Beichtvater Richter, und die beyden assistirenden Pfarrkapläne darüber äußerst gerührt waren. Die Fürstinn sah uns alle in Thränen zerfließen, hörte das Schluchzen meiner ganzen Gemeinde vor der Thüre, blieb doch standhaft und in ihrer Andacht ungestört.

Nach

Nach geendigter Function rükte sie den Herrn Grafen v. Enzenberg zum Bette, dankte ihm in den gnädigsten und freundschaftlichsten Ausdrücken für seine ihr getreu geleisteten Dienste, für alle Beweise der Freundschaft, die er ihr gegeben hatte, bath ihn um Vergebung, daß sie alles dieses nicht so, wie sie gern wollte, belohnen könne, empfahl sich in sein Angedenken und beurlaubte sich von ihm für diese Welt. Nun kamen die Gräfinn Enzenberg, Graf und Gräfinn Cristalnigg, Fräulein Heinrichsberg, alle ihre Kammerleute, und es erfolgten die rührendsten Aeußerungen. Ich mußte bey diesen herzangreifenden Scenen Zuschauerinn seyn, und Alles mitempfinden, was die in diesem Trauerspiele begriffene Personen fühlten. Alle entfernten sich unter Weinen und Schluchzen: nur ich mußte bleiben. Es wäre vielleicht viel zu schmeichelhaft für mich, wenn ich alles niederschreiben wollte, was die beste Fürstinn mir in diesem Zeitpuncte sagte. Doch da das eigenhändige Schreiben, welches ich nach dem Tode von ihr erhielt, vieles davon enthält, wäre es auch überflüßig, selbes hieher zu setzen. Ich ward in diesen Augenblicken von Kummer und Schmerzen hingerissen. Ich wollte jetzt den wärmsten Dank für so unendliche Beweise ihrer Liebe und Freundschaft, davon mir die Erinnerung zentnerschwer am Herzen lag, zusammenfassen; aber die Menge dessen, was ich zu sagen hatte, ließ mich nicht zur Sprache kommen. Ich hieng an ihrem Halse, und meine Thränen benetzten ihre Wangen und ihre Hände. Als ich mir gegenwärtiger ward, mußte ich meine Gemeinde hereinrufen. Die Frau sagte ihnen beyläufig das, was in dem Schreiben, worauf ich mich oben bezog, vorkommt. Nur wiederholte sie sehr oft: „Bethet für „mich und vergesset mich nicht." Wer Zeuge von diesem

sem rührenden Auftritte gewesen wäre, würde Mitleiden mit uns gehabt haben; denn das ganze Jammer erscholl von unserm lauten Weinen. Nur die Fürstinn selbst, die doch von der langen Anstrengung ganz entkräftet seyn sollte, blieb standhaft, ob sie schon von unserm Jammer ganz gerührt war. Allererst nach Mittag zeigte sich eine Mattigkeit an ihr, und wir fürchteten mit Grunde, daß ihre Füße schwellen würden. Sie klagte auch über Spannung im Bauche und um die Mitte. Alle urintreibende Mittel, die sie sehr pünktlich nahm, machten die gehoffte Wirkung nicht. Sie versuchte am 16. Nov. aufzustehen, um sich im Lehnstuhle eine bequemere Lage zu geben; indem sie sich aber nach einigen Stunden wieder niederlegte, sahen wir, daß die Füße bis über die Knie hoch angelaufen waren. Dieses war das Uebel, was die gute Frau immer am meisten erschütterte. Sehr oft, wenn sie bey uns Leute mit diesem Zustande behaftet sah, bath sie selbe, sie möchten für sie bethen, daß ihr der Herr Geduld verleihe, wenn sie jemals an diesem Zustande sterben sollte. Bey dem Anblicke ihrer Füße entfielen ihr einige Thränen, sie blickte in die Höhe, und sagte: „Auch dieß noch, was ich im„mer fürchtete! Gott stärke mich!" Sie verlangte, allein gelassen zu werden, weil sie, wie sie sagte, mit Gott allein zu reden hätte. Am 17. entdeckte ich, daß auch ihre linke Hand schon ein wenig angelaufen war. Sie merkte, daß ich darüber aufmerksam wurde, und sprach ganz gelassen: „Ich habe dieses schon gestern wahrgenommen, „und hoffe, daß es ein Zeichen meiner baldigen Auf„lösung sey." Da ich wenig von ihrem Bette kam, meinen Kummer um sie auch oft nicht bergen konnte, nahm sie mich einmal bey der Hand, und tröstete mich mit diesen

Worten:

110

„Worten? „Beruhige dich, meine liebe Freundinn!
„Ich kenne dein Herz. Ich weiß, was du leidest,
„und was du verlierst. Doch Gott wird dich stär-
„ken. Er wird dir die Liebe belohnen, welche du
„mir bewiesest; denn du hast die schwersten Zeiten
„mit mir durchlebt; und hast meine Mühseligkeiten
„geduldig ertragen. Du weißt ja, daß ich Gott
„täglich gebethen habe, daß er mich vor dir sterben
„lassen solle. Oder hättest du das Gegentheil wün-
„schen können? Gott hat dir einen großen Geist ge-
„geben, mit welchem du mehr, als Andere ertragen
„kannst. Schone mir zu Lieb deiner ohnehin schwa-
„chen Gesundheit! Du bist deinem Kloster noch
„nothwendiger, als ich. Du wirst zwar viel aus-
„zustehen haben; aber es wird dir nichts geschehen.
„Ich werde Gott für dich bitten, und auch noch in
„jener Welt für dich sorgen.“

Wenn ich manchmal gar nicht aufhören konnte, zu
weinen, bath sie mich, aus dem Zimmer zu gehen; indem
ich ihr Herz zu weich machte. Sie gab mir an diesem Tage ihre Chatoulle, die sie mir schon vorlängst bestimmet
hatte, samt allen dem, was sie täglich in ihren Anhäng-
säcken bey sich zu tragen pflegte, auch ein Paquet, worin
ihr Testament eingeschlossen war, mit dem Auftrage, es
nicht eher als nach ihrem Tode zu eröffnen. Die ganze
Nacht hindurch redete sie beständig von ihrem Tode, und
von ihrer Begräbniß. Sie befahl mir, ihren Körper nach
dem Tode von Niemanden, als meinen Klosterfrauen an-
greifen zu lassen. Diese sollen ihn waschen, anlegen, und
in das Kloster an den bestimmten Ort tragen, wozu sie die

Stärkern unter ihnen selbst bekannte. „Ich lasse sie um „Verzeihung bitten, sagte sie, ich werde wohl schwer „seyn." Sie werden viel an mir zu tragen haben; „aber ich kann ihnen nicht helfen. Sie müssen mir „schon diese letzte Liebe erweisen." Ihre Kammerdienerinn mußte ihr die Sterbkerze, ihr Sterbkleid, in welchem auch ihre höchstselige Frau Mutter Maria Theresia gestorben ist, und sie schon lange vorher in Bereitschaft hatte, in die Nähe richten, damit es sogleich im Erforderungsfalle bey Handen seyn solle. Keine Kleinigkeit war, auf die sie uns nicht erinnert hätte. Am 18. glaubte sie, daß es ihr letzter Tag seyn würde, weil auch ihr höchstseliger Vater, Kaiser Franz, am 18. d. M. starb. Als wir ihr aber sagten, wie wir noch keine Zeichen eines so nahen Endes sähen, antwortete sie: „Es kommt in diesem „Monate noch ein großer Tag, der 28ste, an wel„chem meine Mutter starb. Aber ich hoffe zu Gott, „daß ich nicht so lange werde leben müssen." Nachmittag bekam sie wieder eine kleine Ohnmacht, und nur diese öfters erfolgten kleinen Anfälle, mit ihrem äußerst schlechten Pulse, mußten uns glauben machen, daß ihr Ende herbey rücke; indem ihr Aeußerliches nur unmerklich geändert war. Noch bis diese Stunde konnte sie sich selbst allein im Bette umwenden, und bey dem Aufstehen durfte man ihr nur die Hände zum Anhalten reichen; welches um so mehr zu bewundern war, da ihr Körper ohnehin eine ziemliche Schwere hatte, und die Füße mit dem übrigen Unterleibe sehr geschwollen waren. In der ganzen Krankheit vergaß ich, sie zu bitten, daß sie jeder meiner Klosterfrauen ein Bild mit ihrem eigenen Namen zum Andenken unterschreiben möchte." Ich wagte es an diesem Tage um 4 Uhr,

4 Uhr, da ich eben allein bey ihr war, setzte aber hinzu, ich sähe wohl, daß es ihr zu beschwerlich falle, und daß ich diese Gnade lieber entbehren, als ihr so lästig fallen wollte. Sogleich rufte sie die Kammerdienerinn Passane, begehrte Bilder, Feder und Dinte, und schrieb noch 3zmal ihren Namen, das Datum und Jahr. Hier erinnerte ich sie an Herrn v. Baumgarten, den sie sehr schätzte, und auch für diesen erhielt ich ein Bild mit Unterschrift. Ich sah ihre Anstrengung im Schreiben, mit den geschwollenen Händen; und nach diesem Umstande berechnete ich den großen Werth dieser letzten Gnade. Ich küßte ihr die Hand, und sagte nur diese wenigen Worte: „Ew. Königl. Ho„heit sind gut bis in den Tod." Als sie mir das Bild für Herrn v. Baumgarten gab, ließ sie ihm zugleich sagen, sie bäthe ihn, daß er mich nach ihrem Tode nicht verlassen, sondern aus Freundschaft für sie selbst unterstützen solle. Er solle mich als ein Vermächtniß von ihr betrachten; denn sie wisse wohl, wie sehr sie sich auf seine Rechtschaffenheit verlassen könne, und wie sehr ich seiner Hülfe vonnöthen haben würde; sie würde ihm dafür in jener Welt Dank wissen. Auch trug sie mir auf, Sr. Excellenz dem Herrn Grafen von Enzenberg beyläufig das nämliche zu sagen; er möchte aus Liebe für sie mir seine Gnade und Freund= schaft noch ferner zukommen lassen, und ihren letzten Wil= len pünktlich und genau vollziehen; er möchte nach ihrem Tode beweisen, daß er jener Freund für mich sey, für den er sich bey ihren Lebzeiten allzeit in Absicht auf mich bekennt habe. Sie ließ an diesem Tage auch noch den Herrn Doctor Gaggl zum Bette rufen, und dankte ihm für die Sorgfalt und Mühe, die er an sie verwendet hätte. Gott, sagte sie, habe nicht haben wollen, daß sein Fleiß gedeihen solle,

solle, er habe ihre und nicht seine Wünsche gehöret. „Wenn
„Sie mir aber, setzte sie hinzu, noch nach meinem To-
„de eine Gefälligkeit erzeigen wollen, so geben Sie
„auf die Gesundheit der Oberinn acht!"

Der 19. Nov. erschien. An diesem Tage früh kam
der ehemalige Abt von St. Paul, v. Edling, aus Wolfs-
berg. Ich schrieb ihm Tags vorher, daß die Frau am
Rande des Grabes sey. Als sie hörte, daß er hier wäre,
ließ sie ihn zu ihrem Sterbbette kommen, sprach mit ihm
lange sehr freundschaftlich, wie sie ihn allzeit wohl leiden
konnte, erzählte ihm ganz offenherzig, wie sie sich seit seinem letzten Hierseyn von Tage zu Tage schlechter befunden
habe. Er versicherte sie unter vielen Thränen, daß er ihren an ihm bewiesenen Wohlthaten mit einem monatlichen
Jahrtage, so lang er leben würde, ein Denkmal setzen
werde. Abends um 7 Uhr sah sie ihn noch einmal, hieß
ihn dann zu den Herrn v. Baumgarten, seinen Freund,
gehen, ihn zu trösten, und beurlaubte ihn mit diesen Worten: „Ich hoffe Sie vielleicht morgen noch zu sehen.
„Sie müssen noch ein Paar Tage hier bleiben."

Schon die vorhergehenden Tage ermahnte sie uns öfters, nicht für ihre Genesung, sondern um eine glückliche
Sterbstunde zu bethen. Am Morgen dieses Tages fühlte
sie sich schwächer, bekam öfters solche Uebelkeiten, daß wir
sie laben mußten, und behauptete, daß sie diesen Tag nicht
überleben werde. Sie begehrte, daß, wenn sie in die Zügen greifen würde, man das Hochwürdigste in der Kirche
aussetzen solle, wie es bey Hofe gewöhnlich wäre. „Du
„wirst sehen, sagte sie, wie traurig dieß ist; denn
„wenn

„wenn man mit dem Hochwürdigsten den Segen
„giebt, ist es ein Zeichen, daß die Person schon ver-
„schieden sey." Sie fragte mich öfters: „Oberinn, du
„kennst doch auch etwas bey den Kranken. Was
„glaubest du, werde ich wohl heute sterben?" Ich
sagte ihr zum Trost, daß ich sie seit gestern um vieles schlechter fände.

Wir begiengen an diesem Tage das Fest unserer Or-
densstifterinn, der heil. Elisabeth. Dießmal war er ein
Tag des Traurens. Sie erinnerte sich dessen öfters, und
sagte: „Ich hoffe, die heilige Elisabeth werde so höf-
„lich seyn, und mich heute abholen. Ich verzeihe
„es ihr, wenn sie auch spät am Abend kommt. Da
„ihr Namenstag im Himmel gefeyert wird, dürfte
„sie eher wohl nicht Zeit dazu haben." Wir erstaun-
ten über die Munterkeit ihres Geistes, die sie bis zur letzten
Stunde behielt. Auch ihre Gesichtszüge, ihre Farbe, die
Lebhaftigkeit ihrer Sinne erhielten sich. Wir hofften, der
Himmel würde sie uns noch einige Tage schenken. Nach
Mittag um 2 Uhr fragte sie, ob die Post angekommen sey?
Man sagte ihr, das Paquet würde, sobald es ankäme, gebracht werden. „Ich will, sprach sie, nur noch wissen,
„wie es dem Kaiser, der Maria in den Niederlan-
„den und der Königinn in Frankreich geht." In
beyden Oertern gab es schon Aufruhr und Aufstand. Man
brachte das Briefpaquet. Graf Enzenberg mußte es im
Vorzimmer öffnen, und wenn von diesen drey Geschwistern
Briefe vorsindig wären, sollten sie der Erzherzoginn vorgelesen werden. Es waren Briefe vom Kaiser und der Erzherzoginn Maria angekommen, welche die Kranke, im
Bette

Bette sitzend mit untergestütztem Arm, aufmerksam anhörte. Sie drückte dem Grafen alsdann die Hand, und sagte: „Adieu! Ich glaube wohl, auf allzeit."

Da die gute Fürstinn mit jeder Stunde sehnlich aufgelöst zu werden wünschte, und uns befahl, daß wir nur um eine glückliche Sterbstunde bethen sollten, veranstaltete Herr Dechant Paulitsch nach Mittag um 3 Uhr eine öffentliche Bethstunde bey ausgesetztem hochwürdigem Gute in unserer Kirche. Unaussprechlich rührend war es für mich, da die Kirche von Menschen strotzte, die mit dem öffentlichen Gebethe laute Seufzer und sichtbare Thränen vermengten. Alles bath Gott um die Rettung der Erzherzoginn, vorzüglich die Armen, die den großen Verlust dieser Wohlthäterinn wohl vorhersahen. Die Frau wußte von dieser Bethstunde nichts. Um 5 Uhr rufte sie mich näher zu sich, und fragte, ob man das Hochwürdigste in Rücksicht ihrer herannahenden letzten Zügen schon ausgesetzet habe? Ich gestand ihr dann, was wir, um von Gott für sie eine glückliche Sterbstunde zu erbitten, veranstaltet hätten. Ich sagte ihr unter anderm: „Gott hat unser Gebet um die „Wiederherstellung Ew. Königl. Hoheit nicht erhö„ren wollen; aber unser Flehen um Ihr seliges En„de scheint er zu erhören, denn Sie nähern sich seit „dieser Stunde Ihrem Ende mit Riesenschritten."
„Glaubest du dieß, sprach die Frau, o ich fühle es „wohl, daß ich meinem Ziele näher bin. Können „die letzten Züge noch was ärgers seyn, als dieß, „was ich jetzt leide? Du siehst, daß ich alle Augen„blicke zum Ersticken bin. Gott sey Dank, daß mein „Leiden sich endet! Ich hoffe zu Gott zu kommen, „und

„und wie wohl wird mir die Ruhe thun!" Sie fragte mich, wer die Bethstunde angeordnet habe, und als ich ihr sagte, daß es vom Herrn Paulitsch mit Beystimmung des Consistorii geschehen sey, sprach sie: „Die Leute thun „wohl viel für mich; sind wohl recht gut! Mache „ihnen meine Danksagung; sowohl dem Adel, als „allen andern, die für mich gebethet haben! Wenn „es der Wille des Höchsten wäre, so wollte ich, so „beschwerlich meine Pilgerschaft war, noch länger „leben, um ihnen allen nützlich zu seyn. Es ist wohl „ein gutes Land. Ich habe es immer lieb gehabt. „Es sind gute Menschen, mit denen ich immer ver= „gnügt lebte, und die ich hart verlasse." Sie ver= langte, daß ich, Herr Paulitsch und ihre Kammerdienerin= nen uns nicht mehr von ihrem Bette entfernen sollten. Von Zeit zu Zeit mußte ihr der Dechant, wie es schon seit der ganzen Krankheit geschah, Trostgründe der heiligen Reli= gion zusprechen, und in ihr die inbrünstigsten Empfindun= gen erwecken.

Um 8 Uhr ließ sie noch einmal die Doctores Gaggl und v. Störk zu ihrem Bette kommen, und gab beyden ih= ren Puls zu fühlen, fragte aber nicht mehr, wie er bestel= let sey; sondern sagte nur: „Ich brauche nichts mehr „zu wissen; habe euch nur noch einmal sehen wol= „len." Mit diesen Worten reichte sie ihnen die Hand zum Küssen, und sagte: „Adieu!" Gaggl ließ mich auf einen Augenblick vor die Thüre rufen, und sagte mir, daß er keinen Puls mehr gefühlet habe, und daß die Frau nicht mehr über 2 Stunden leben könne. Sie merkte, daß ich wegging, rufte mich sogleich, und ich hatte alle Stands=

haf=

haftigkeit nöthig, um in der Faſſung zu bleiben. Das
Sticken erlaubte der Frau keine Wendung mehr. Sie
mußte aufrecht ſitzen, um athmen zu können.

Schon um 7 Uhr mußten ihr die Kammerleute das
Bette bey dem Kopfe zurecht machen. Sie dankte ihnen
für dieſe Bemühung, und ſagte: „Wenn der Kaiſer
„wüßte, wie gut ihr mich bedienet habt, er würde
„euch herrlich belohnen." Sie wagte es, ſich nieder-
zulegen, wäre aber augenblicklich erſticket, wenn wir ſie
nicht ſogleich aufgerichtet hätten. Sie brauchte eine halbe
Stunde, ſich von dieſer Bewegung zu erholen.

Ihr Auge möchte ſchon ein Paar Stunden vorher dun-
kel geworden ſeyn; denn als ſie Lichter begehrte, bräñte
ihr keines hell genug; und ſie ſagte: „Es iſt alles ſo fin-
„ſter, daß ich euch kaum ſehe. Man muß andere,
„und mehrere Lichter aufſtellen." Ich ſetzte ihr eins,
mit einer Blende an ihrem Bett-Tiſche nieder, und war
froh, daß ich ihre Geſichtszüge beobachten konnte. Sie
ward immer unruhiger, trank ein Glas Waſſer um das
andere, und nahm es jedesmal mit der ihr eigenen Lebhaftigkeit ſelbſt von dem Teller. Ihr die bittere Lage zu erleichtern, ſetzte ich mich neben ihr auf das Bette, nahm
ein kleines Kiſſen auf die Hand und unterſtützte das ſchwan-
kende Haupt. Indeſſen ward ganz in der Stille das Hoch-
würdigſte ausgeſetzt, wobey die Kloſterfrauen und viele andere Leute betheten, auch immer unter banger Furcht das
Zeichen, Marianna ſey nicht mehr, erwarteten. In eben
dieſer bangen Furcht, harrten auch wir an dem Sterbebette.
In ihrer größten Angſt ſagte ſie zu mir: „Ich bitte dich,

„ſey

„sey standhaft; denn es wird bald kommen, und
„du mußt mir die Augen zudrücken. — Ich fürchte
„die letzten Züge; denn ich habe eine starke Natur.
„Es wird Gewalt brauchen." Inzwischen wurde wie:
derum gebethet, und zugesprochen, was sie allzeit selbst for:
derte, wenn Hr. Dechant ein wenig aussetzte. Diesem gab
sie unter anderm den Auftrag: „Sagen Sie dem Grafen
„Enzenberg, er solle nach meinem Tode allen mei:
„nen Geschwistern schreiben, ich würde, wenn ich
„vor Gottes Angesicht komme, ihn bitten, daß er sie
„allerseits mit diesem Zustande verschone; denn er
„ist schwer. Sollten sie aber auch in diesem Zustan:
„de sterben müssen, so werde ich für sie um Geduld
„bitten; denn man braucht sie." Endlich befahl sie,
der Herr Dechant solle den Psalm de profundis dreymal
bethen; „Ich habe es mir vorgenommen, sagte sie,
„dieses in meiner Todesstunde zu bethen; einmal
„für meinen seligen Vater, den Kaiser Franz, ein:
„mal für meine selige Mutter, die Kaiserinn Maria
„Theresia, und einmal für meinen seligen Freund
„Edling, damit sie bey Gott für mich bitten, er
„wolle mich in der Standhaftigkeit erhalten, und
„seiner endlichen Gnade würdigen." Sie bethete laut
mit, trank noch ein Glas Wasser, und war ein Paar Mi:
nuten ganz stille; als ob sie den letzten Stoß erwartete.
Dann deutete sie mit ihrer linken Hand auf Hrn. Dechant,
der eben auf dieser Seite des Bettes stand, und sagte:
„Adieu mein Freund!" Und zu mir, indem ihre rechte
Hand in der meinigen lag, die sie drückte, den Kopf nei:
gend, sprach sie: „Adieu meine Freundinn! Jetzt ster:
„be ich." Sie that drey starke Züge ineinander, und
über:

übergab ihre edle Seele in die Hände des Schöpfers. Wie eine leblose Statue stand Hr. Dechant Paulitsch und blickte gen Himmel. Ich saß und hatte die erblichene Fürstinn in meinem Arm. Graf Enzenberg, Gaggl, Störk und ihre Kammerdienerinnen waren bey den letzten Zügen auch zugegen. Wir betheten die Gebethe der Kirche für die Verstorbene. Dann entfernte sich alles aus der Kammer, und ich blieb mit der todten Frau allein. Noch hielt ich sie in meinen Armen, noch konnte ich keine Thräne weinen; denn mein Schmerz war stumm. Ich betrachtete sie noch eine Weile. Die blaulichte Gesichtsfarbe verlor sich ganz, und ihr ganzer Leichnam ward so weiß, wie Alabaster. Ich legte sie endlich nieder, legte ihre Hände und Füße zurecht, warf mich vor dem Bette auf die Knie. Gott! Was empfand ich darbey dem Gedanken: Sie ist nicht mehr, deine Wohlthäterinn, deine Freundinn, die dir so Alles war! Ein unaussprechlicher Schmerz drohte mir das Herz zu zerreißen; und Wohlthat würde es in diesem Augenblicke gewesen seyn, zu sterben. Ich legte mich über sie hin, küßte sie, drückte sie, als ob ich sie damit ins Leben zurückbringen wollte, und entschließen konnte ich mich nicht, sie aus meinen Armen zu lassen. Noch, wenn ich mich erinnere, was ich damals in meinem Herzen litt, habe ich Mitleiden mit mir selbst, und kann nicht begreifen, wie ich alles dieses ausstehen konnte. Endlich machten wohlthätige Thränen meinem Herzen Luft; ich schrie so gewaltig, daß mich Gaggl bis in das andere Zimmer hörte, zu mir kam, und mich von dem Leichnäme der Fürstinn entfernen wollte. Ich bath nur um ein Glas Kirschenwasser, und blieb fest auf der Stelle. Indessen kam meine halbe Gemeinde weinend und schluchzend, in der Vermuthung,

mich

mich in einer Ohnmacht zu finden. Gott gab mir aber die Kraft, daß ich bey meinen Leiden ausdauerte, und alles thun konnte. Ich ließ meinen Klosterfrauen Zeit, dem ersten Schmerzen zu unterliegen. Dann wuschen wir den Leib der Seligen und kleideten ihn an. Es kamen auch die übrigen Mitschwestern. Wir blieben die ganze Nacht, und betheten chorweise die 150 Psalmen. Die selige Fürstinn entschlief am 19. November ein Viertel nach 11 Uhr in der Nacht, also noch am Festtage unserer heil. Elisabeth, wie sie es selbst wünschte, und gerade in der Stunde, in welcher diese Heilige starb, mit welcher sie in ihrem Leben viele Aehnlichkeit hatte, vorzüglich in der Wohlthätigkeit gegen Arme und Kranke.

Am Morgen, nach 7 Uhr früh, wurde vom Herrn Grafen di Enzenberg, in Beyseyn des Herrn Kreishauptmanns Baron v. Hingenau und mehrerer Andern das Testament erbrochen, und mit der Artikel von der Beerdigung der Erzherzoginn vorgelesen. Da die selige Frau begehrte, wie jede unserer Klosterfrauen begraben zu werden, so ward beschlossen, ihren Leichnam nach 9 Uhr in das Kloster zu übertragen, und in den Communichor auszusetzen. Acht Klosterfrauen trugen sie, wie sie es verlangt hatte; der ganze Hof und viele von dem Adel begleiteten den Zug mit brennieden Wachsliechtern, und die Leiblaquayen traten mit Fackeln voraus. Wir Klosterfrauen folgten in unsern Mänteln, und betheten mit lauter Stimme die Psalmen Miserere und de profundis. Unter Heulen und Wehklagen wurde sie nun auf einem etwas erhöhtern Ort gelegt, und, um Ihr Verlangen zu erfüllen, ließ ich nun acht Kerzen, wie bey einer verstorbenen Klosterfrau, aufstellen. Sie lag da

vom

vom 20sten vor Mittag bis 22sten. An beyden Tagen wurden von den Priestern wechselweis die Bethstunden bey der hohen Leiche gehalten; in der Nacht aber wurden die Bethstunden von den Klosterfrauen fortgesetzt. Durch diese Täge wurden immer Messen, eine um die andere, für die Fürstinn gelesen. Am 22sten um 11 Uhr vor Mittag entkleideten wir sie vom Schlafrocke, mit dem sie angethan war, und behielten ihn zum ewigen Angedenken, wie sie es befohlen hatte. Sie lag nun in einem weißen Nachtcorset mit braunen Maschen und einem weißparchetnen Rocke. Wunderbar war es, daß ihrem Körper die Beweglichkeit blieb. Wir legten bey dem Entkleiden ihre Hände auseinander, und konnten sie sitzend aufrichten. Man hatte geglaubt, daß ihr Körper, da er durch keine lange Krankheit abgezehret war, viele Feuchtigkeit und übeln Geruch von sich geben werde; allein es erfolgte weder eines noch das andere. Sie war so schön wie im Leben, und wir küßten sie einmal um das andere. Wir trugen nun den Leichnam in die Kirche, wo Graf Enzenberg, Graf Cristalnigg, andere Cavaliers von den Ständen, der Herr Kreishauptmann, einige von der medicinischen Facultät, vom Hofe, von der Geistlichkeit, und auch Magistratspersonen versammelt waren, setzten den Leichnam mit dem kleinern Sarg, in welchem er lag, in die größere Toruba. Graf Enzenberg wies allen anwesenden Herren die hohe Leiche, und fragte: Ob sie diesen Leichnam für den der Durchlauchtigsten Erzherzoginn Marianna von Oesterreich erkennten? Als man dieses mit Ja beantwortet hatte, nahm Graf Enzenberg den zubereiteten ungelöschten Kalk, und streute solchen der durchlauchtigsten Leiche über das Gesicht, und nach ihm that Graf Cristalnigg dasselbe; denn die Frau hatte

es

es ausdrücklich von ihnen beyden begehrt, damit sie eher verwesen möge. Ich und die Klosterfrauen küßten ihr noch ehrerbietig die Hand. Dann wurde der Sarg geschlossen, und ein Schlüssel dazu dem Herrn Kreishauptmann, und einer mir überreicht. Hienach wurde das Protocoll von allen anwesenden Zeugen, wie es bey Hofe gewöhnlich ist, unterschrieben, und mir eine Abschrift mitgetheilet. Auch das Convent mußte das Protocoll unterschreiben, und dieß um so mehr, da wir für die Leiche zu haften hatten.

Nachmittags um 4 Uhr giengen wir Klosterfrauen in unsren Mänteln in die Kirche, und wohnten der Begräbniß bey, indem sonst Niemand als die Geistlichkeit und die Militärwache gegenwärtig seyn durfte. Der Hr. Dompropst von Itzelhofen, den die Höchstselige selbst dazu gewählet hatte, begrub sie unter Assistenz der ganzen hiesigen Clerisey. Sie ward auf ebenfalliges Anverlangen von den Bürgern getragen. Der Zug gieng von der Kirche bis zum Kreuz des heil. Florians, und von da wieder zurück. Unbeschreiblich war der Jammer, das laute Schluchzen und Weinen, als man den Sarg in die Gruft trug. Ich sage wenig: Kein Monarch ist je von seinen Unterthanen so innigstlich beweinet worden, als diese wohlthätige Fürstinn von ihren Ahrauern. Die drey nachfolgenden Täge vergiengen unter der möglichsten Feyerlichkeit, mit welcher das Leichenbegängniß gehalten wurde.

Als Graf Enzenberg den Todsfall der Erzherzogin mit Einbegleitung des letzten Willens dem Kaiser berichtete, befahlen Se. Majestät eine eigene Hofcommission zur Behandlung niederzusetzen, wozu Graf Enzenberg als Präsident ernen-

ernennet ward, mit der Freyheit, die Räthe und das übrige Personale selbst zu wählen. Die Appellationsräthe von Pittreich und Patotschnigg wurden zu Räthen gewählet, Kovatsch ward Actuar, und Kogler mit Englert wurden als Gehülfen angestellet. Das Kloster, als Universalerbe, vertrat Hr. von Baumgarten.

Das Schreiben der seligen Erzherzoginn, welches mir Graf Enzenberg nach ihrem Tode einhändigte, erbrach ich allererst nach einigen Tagen. Es lautete:

„Ich danke dir noch einmal hier, meine liebste Freun„dinn, für alle gute Stunden, so ich bey dir zugebracht, „für alle Freundschaft und Sorgfalt, so du mir erwiesen „hast. Ich bitte dich, rufe deine Religion und deinen „grossen Geist zu Hülfe, um diesen deinem Herzen so star„ken Streich zu übertragen. Denke, daß dich dein Klo„ster jetzt mehr als jemals brauche! Gott wird gewiß „deine weise Führung auch mit zeitlichen Gütern unter„stützen, und ich werde vor dem Angesicht Gottes für „euer zeitliches und ewiges Wohl allzeit bitten. Ich bitte „dich, danke deiner ganzen Gemeinde in meinem Namen „für ihre Ergebenheit gegen mich, für alle gute Beyspiele, „die sie mir gegeben hat. Ich bitte selbe, dir ferner „wahrhaft ergeben zu seyn, indem Gott gewiß ihr zeitli„ches Beste auf dieses heftet, und ich noch nach dem „Tode ihre Erkenntlichkeit achten werde, wenn sie dir in „Allem dein durch meinen Tod erschwertes Joch erleich„tern und tragen helfen. Ich beschwere jede Klosterfrau „insbesondere, das Ihrige hiezu beyzutragen. — Seyd „friedlich, einig, thut eure Standesschuldigkeiten mit

pünkt=

„pünktlicher Genauigkeit! und Gott wird seinen Segen
„von euch nicht abwenden. Ich bitte dich und deine Ge=
„meinde inständig um euer Gebeth, so, wie ihr es für
„eine eurer Mitschwestern verrichtet, nur allein nehme ich
„die Disciplin und die 30 Messen aus. Uebrigens bitte ich
„ausgesetzt und begraben zu werden, wie jede Mitschwe=
„ster. Eine wöchentliche Messe in der Gruft wird gestif=
„tet. Ich empfehle meine arme Seele in das gute Ge=
„beth. Lebet wohl, seyd glücklich! Und — dich meine
„liebe Freundinn, bitte ich noch einmal — tröste dich, er=
„halte dich, und vergieß nicht
                                            deine
                        wahre Freundinn und ergebenste Tochter
                                        Marianna.“

„Ich bitte dich für Ruhe meiner Seele! Sage dem
„Enzenberg alles aufrichtig, was ich dir schuldig bin. Er
„wird gewiß keinen Zweifel darüber haben. Tröste unse=
„re gemeinschaftlichen Freunde, sage ihnen, daß ich als
„Ihre Freundinn sterbe; daß ich sie beschwöre, dich zu
„trösten, und dich in allem zu unterstützen. — Vergesset
„mich nicht! — Ich habe dem Kaiser geschrieben, und
„ihn gebethen, euch von der Erbsteuer zu befreyen, oder
„sie für euch zu zahlen. Auch ihr müsset ihn darum,
„wenn es in die Vergessenheit kommen sollte, mahnen,
„und bitten. Auch habe ich euch der Gnade der Königin
„von Neapel empfohlen! An diese müsset ihr euch nach
„meinem Tode schriftlich wenden.

„Den Churfürsten von Köln, meinen lieben Bruder,
„Maximilian, habe ich gebethen, euch jährlich, bis die
                                        „Pensio=

„Pensionisten gänzlich abgestorben sind, 3400 fl., sage
„dreytausend vierhundert Gulden rheinisch zu zahlen, wo
„ihr aber gewiß und wahrhaft verpflichtet seyd, Zeugniß
„zu geben, wenn die Pensionisten nach und nach abge-
„storben sind. Sollte aber mein Bruder auf meine Bitte
„vergessen, so lasset eine vidimirte Abschrift von dem
„Worte an„ Den Churfürsten von Köln 2c." ma-
„chen, und schicket ihm solche, wenn ich 6 Monate todt
„bin, und nichts gemeldet wird, mit der Beylage einer
„Bittschrift, die sich auf meinen Brief bezieht! Letztlich
„trage ich nachdrücklich und förmlich (gegen allen mögli-
„chen Vorwand) auf, wenn die Xaveria Gasser stirbt,
„sie mag Oberinn seyn oder nicht, sie auf dem Platz zu
„begraben, den ich für sie habe richten lassen, und wel-
„cher links neben meinem eigenen Grabmahle ist. Ich
„wiederhole meine Bitte, und ersuche das ganze Convent
„um sein Gebeth.

Marianna."

Man kann denken, welchen Eindruck jede Zeile an
mich gemacht haben müsse, auch schließen, was und wie
viel ich an dieser großen Frau verloren habe. Welche unnachahmliche Züge der Großmuth und Freundschaft liegen
in den Ausdrücken diesen Schreibens! Sie wußte, daß
sie uns in ihrem Testamente die Verbindlichkeit auflegte,
jährlich 3400 fl. an Pension zu zahlen. Uns darüber zu
entschädigen, wagte sie die Bitte an ihren Bruder, den
Churfürsten von Köln, der aber das Gesuch gleich nach
Empfang des Schreibens abgeschlagen hat, und mir die
Verwegenheit ersparte, den Auftrag der seligen Fürstinn
zu befolgen, und mich an Se. königliche Hoheit zu wen-

den;

den; welches zwar, die Wahrheit zu bekennen, von mir auch ohnehin nie befolget worden wäre, weil die Gnade, welche die sterbende Schwester von ihrem Bruder für mein Kloster begehrte, zu groß war. Um so lieber befolgte ich den Auftrag, Se. Maj. den Kaiser um den Nachlaß der Erbsteuer zu bitten. Der gütigste Monarch bewilligte das Gesuch mit dem gnädigsten Ausdruck in einem Schreiben an Graf Enzenberg durch eine Estaffete, welche am Vorabende des ersten Posttages, wo wir Antwort erhalten konnten, eintraf. Der Monarch versicherte den Grafen: daß er ihm eine Gefälligkeit erweisen würde, wenn er die Erbsache seiner Schwester je eher desto besser beendigte. Nun thaten die Herren Commissarien alles, um die Sache zu beschleunigen. Ich will mich nicht bey allen Vorkehrungen, die bey dergleichen Fällen üblich sind, aufhalten, nur muß ich eines traurigen Umstandes erwähnen, der mir die Aussicht auf die Zukunft trübte. Die Selige gab bis zu ihrem Tode jährlich in Wien über 2000 fl. Pensionen, welche sie in ihrem Testamente aufhob, und mir in ihren Lebzeiten die Versicherung gab, daß sie aufhören müßten, weil gerade dieß die Summe machte, die das Kloster nach ihrem Tode gleich genießen sollte. Das Schicksal wollte, daß es die selige Frau entweder vergaß, oder nicht einsäh, daß diese Pensionisten schriftliche Versicherungen von lebenslänglichen Pensionen in Händen hatten. Diese Leute bewiesen nun ihre Rechte, und man konnte nicht anders, als sie anerkennen. Nun blieben dem Kloster von dem jährlich abfallenden Interesse der 6000 fl. ein Genuß von 400 fl., die Licitationsgelder ausgenommen, wovon man die Berechnung noch nicht machen konnte. Es ist nicht zu sagen, wie kummervoll meine damalige tige Lage war. Verlust der Erzherzoginn — die hagere Aussicht für die nächste Zukunft, und der Gedanke, daß wir bey aller Großmuth der Erzherzoginn nur mit genauer Noth werden bestehen müssen, machten mir viele schlaflose Nächte. Herr von Born in Wien bezahlte durch 3 Jahre die Unterhaltung eines Krankenbettes, die ich aber nach dem Tode der Frau nicht mehr erhielt. Es starb aber der P. Odilo Hiersch, Erbenedictiner von St. Paul, und es verfiel somit die Stiftung eines Bettes, welches auch noch im December errichtet wurde, und das 24ste Bett ausmachte.

Die Vorsicht sorgte indessen für meine Beruhigung. Mitten im Gedränge meiner Ideen, da ich schon den Entschluß faßte, dem großen Joseph die Universalerbschaft zu Füßen zu legen, und um ein jährliches sicheres Auskommen zu bitten, erhielt ich folgendes gnädigstes Schreiben von der Königinn von Neapel:

„In der äußerst schmerzhaften Lage, in der sich mein
„Herz seit der Nachricht befindet, daß es der göttlichen
„Vorsicht gefallen hat, meine so sehr geliebte, verehrens-
„würdigste Schwester von dieser Welt zu sich abzurufen,
„dient es mir zu einiger Erleichterung, meine Betrübniß
„gegen eine geistliche Gemeinde ausschütten zu können,
„gegen die diese vortreffliche Verklärte stets eine besondere
„Liebe geheget hat. Sie, die lange das Glück genossen,
„das ich entbehren mußte, die vortheilhaften Eigenschaf-
„ten dieser mir ewig unvergeßlichen Schwester in der Nä-
„he zu bewundern, können nach ihrem eigenen Schmer-
„zen den meinigen messen, und begreifen, wie tief meine
Seele

„Seele über diesen Verlust verwundet sey. Die Anbe=
„thung der göttlichen Vorsicht, und die fromme Zuver=
„sicht, daß ihre fromme Seele in dem Schooße des All=
„mächtigen die Belohnung ihrer Tugenden genießet, die
„ihr diese Welt nicht gewähren konnte, können mir allein
„einigen Trost verschaffen. Ihr Bild wird unauslöschlich
„in meiner Seele leben, und ihre letzten Anordnungen
„werden mir allzeit heilig seyn. Ich erfülle also mit Ver=
„gnügen ihr Verlangen; indem ich Ihrem Kloster, so
„lang ich selbst leben werde, einen jährlichen Genuß von
„1000 fl. versichere; wogegen ich die Seele der Verstor=
„benen, so, wie auch mich und meine Familie in ihr an=
„dächtiges Gebeth empfehle und mit vieler Achtung ver=
„bleibe

     Ihre

Neapel am 5. Dec.
 1789.   geneigte Karoline."

  Dieses gnädigste Schreiben, und diese Zusicherung
einer großen gefühlvollen Königinn beruhigten mich, und
gaben auch der angestellten Commission zu Bearbeitung
der Verlassenschaft einen Schwung. Die Versteigerung
währte durch drey Wochen. Es kamen viele Kauflustige,
und es wurde alles gut angebracht. Die Hofleute reisten
Eines um das Andere nach Wien zu ihren anderweitern
Bestimmungen. Die selige Fürstinn dachte sogar darauf,
daß der Maler Atlaßnigg für drey Portraits, wenn sie
auf der Bahre liegen würde, im voraus bezahlt seyn solle.
Von diesen sollte Eines der Hr. Dechant Paulitsch, das
Andere ich, und das Dritte der Maler selbst, damit er
es für Andere, die es verlangten, copiren könne, behal=
ten.

ten. Ich trug dieses Bild der Königinn von Neapel, der Erzherzoginn Elisabeth und Amalia an, denen ich nach dem Tode schreiben und die besondern Umstände des betrübten Hintrittes berichten mußte. Die Erzherzoginn Elisabeth, der ich von der Verstorbenen einige Kleinigkeiten zu schicken hatte, antwortete mir in nachstehenden Ausdrücken:

„Ich danke Ihnen für den Brief und für das Ueber„schickte. Die Wunden, die mir der Hintritt meiner „Frau Schwester geschlagen, sind unheilbar, und nur das „Christenthum und daß sie ihre Quaal überstand, kann „mir einigen Trost geben. Daß Se. Majestät der Kaiser „dem Kloster so gnädig war, erfreut mich. Was das Ge„mählde betrifft, danke ich. Es ist mir zu schmerzhaft. „Uebrigens empfehle ich mich in das Gebeth der würdigen „Mutter und des ganzen Convents.

Innsbruck,
den 21. Dec. 1793.   **Elisabeth.**"

Das Schreiben von der Erzherzoginn Amalia, Herzoginn von Parma, war folgendermaßen abgefaßt:

„Ich kann mir das Leidwesen über den großen Ver„lust meiner liebsten Schwester vorstellen. Ich kann nichts „anders, als für sie bethen. Sie ist glücklich; aber wir „sind unglücklich, sie verloren zu haben. Ich bitte Sie, „haben Sie die Gnade, mir einen Rosenkranz oder ein „Gebethbuch von meiner seligen Schwester zu überschicken. „Auch bitte ich Sie, mit mir zu schaffen, wenn ich Ih„nen

„nen, Ie. etwas nützlich seyn kann; denn die Schwester hat
„mir Sie empfohlen. Das Portrait derselben, wie sie
„auf der Bahre lag, bitte ich für mich verfertigen zu lassen.
„Ich habe am 19. November meine Schwester verloren,
„und am 21sten meine Tochter.

„Parma am 27. Nov.
     1789.   Amalia."

Die Erzherzoginn Maria ließ mich durch den Grafen
Goes um einen Rosenkranz von der Seligen ansprechen.
Marianna gab mir am Vorabende ihres Hintritts einen
Rosenkranz, den sie von ihrer verstorbenen Mutter eben
falls am Vorabende ihres Hintritts erhalten hatte. Eben
diesen, weil er der Erzherzoginn Maria von gedoppeltem
Werthe seyn mußte, schickte ich ihr. Dafür erhielt ich ein
Geschenk von 50 Ducaten mit nachstehendem Schreiben:

                „Bonn, am 3. Jäner 1790.
„Wenn ich gewußt hätte, meine ehrwürdige Mutter,
„daß der Rosenkranz, welchen ich wünschte, mit dem dop-
„pelten Werthe, den zwey Seligen zugehöret habe, und
„Ihnen übergeben und eigen wäre, hätte ich mich niemals
„angemaßet, ihn zu begehren. Ich bin auch erbiethig, ihn
„alsogleich zurück zu senden, wenn Sie es verlangen;
„danke Ihnen aber außerdem für die Güte, ihn mir er-
„ößter zu wollen. Lebenslänglich werde ich meine gute
„Schwester bedauren, für uns und für Sie. Sie hat
„ausgerungen, und den Lohn für ihre guten Handlungen
„empfangen. Gott beschweret mich zu dieser Zeit mit gro-
„ßen Leiden. Sein Name sey dabey angebethet! Haben
                                        „Sie

„Sie die Güte, mir Ihr andächtiges Gebeth nicht zu ver-
„sagen, damit ich alle meine Leiden so trage, wie es der
„Allmächtige von mir fordert, und damit Sie mir einst
„die Thore der ewigen Seligkeit eröffnen, wo schon so vie-
„le meiner Geliebten vor mir angelanget sind! Empfan-
„gen Sie noch einmal meinen herzlichen Dank; und die
„Versicherung der Achtung, mit welcher ich verbleibe

"„Dero wohlaffectionirte

Maria."

Das von der seligen Fürstinn in ihren Lebzeiten gestiftete Krankenbett warde nach ihrem Tode, auf ihr Verlangen, mit 2000 fl. dotirt. Sie gab mir auch jährlich
60 fl. zum Unterhalt einer Klosterfrau, wollte aber, daß
ich sie, so lange ich lebte, selbst genießen sollte. Das
that ich aber nicht, sondern verwendete sie, um eine Kandidatinn in der Apothekerkunst unterrichten zu lassen. Diese 60 fl. wurden auch auf ein Kapital von 1500 fl. nun
radicirt. Die wöchentliche Messe in der Gruft ward ebenfalls mit 1000 fl. versichert. Sie stiftete für sich keinen
Jahrtag, weil sie wohl versichert war, daß ihr Andenken
unter uns zu ewigen Weltzeiten bleiben werde, und daß
wir den höchstbetrübten Tag ihres Hinscheidens nach allen
Umständen immer begehen würden. Und — nicht allein
ihr Sterbetag, sondern alle ihre Tage, die ihr im Leben
heilig waren, sind es uns noch jetzt, und werden bey ihrer
Asche in der Gruft gefeyert.

Ihre Stiftung am Sterbetage besteht in einem Kapital von 300 fl., wovon das abfallende Interesse an diesem

Tage

Tage angewendet werden muß, um einen Armen zu kleiden, dem keine andere Verbindlichkeit aufgelegt wird, als daß er für seine selige Wohlthäterinn 5 Vaterunser bethe.

    Auf Seelenmessen verschaffte sie 100 fl.
    Dem Armeninstitut zu Klagenfurt 100 fl.
    Den Hausarmen in der Pfarr St. Lorenz 300 fl.
    Den Hausarmen in der Pfarr St. Georgen 100 fl.
    Der Stadt Klagenfurt ebenfalls 500 fl.

    Den Hausarmen im Lande Kärnten, nach gemeinschaftlicher Angabe sowohl der geistlichen als weltlichen Vorsteher, 1000 fl.

    Einer jeden Kranken, die sich in der Zeit ihres Hintrittes in unsern Krankenbetten befunden, 4 fl. 30 kr.

    Einer jeden zur nämlichen Zeit in unserm Kloster befindlichen Nonne 13 fl. 30 kr.

    Das Lustschloß Annabüchel samt allem Zugehörigen, mußte vermöge letztwilliger Anordnung ehemöglichst verkaufet, und der Betrag davon zur Hälfte unter die Armen der Pfarr St. Georgen, zur Hälfte aber unter die Armen der Pfarr St. Lorenzen vertheilt werden. Unserer Kirche verschaffte sie alle ihre Spiegel, Wandleuchter, und einen großen blau und grauen Teppich. Ihre Chatoulle und Anhängsäcke, wie ich es schon vorher berührte, bestimmte sie samt dem Crucifix, welches auf ihrem Bethstuhl stand, und ihre ordinäre Kammeruhr für mich. Auch verordnete sie,

daß

daß annoch zwey Jahre nach ihrem Tode der Prediger den gewöhnlichen Gehalt beziehen solle. Eben so bestimmte sie auch 300 fl., die Kirchenmusik ein ganzes Jahr nach ihrem Tode noch fortzusetzen. Alle übrigen Vermächtnisse sind in dem Testamente zu lesen.

Im May des Jahres 1790 hatte ein Schuldner an die Universalmasse 10,000 fl. zu bezahlen. Wir hatten allen Grund, zu besorgen, daß dieses Kapital verloren gehen dürfe; wir wurden aber glücklich bezahlt. Im Julius starb P. Richter, Beichtvater der seligen Erzherzoginn, und mit seinem Tode fielen uns 400 fl. heim. Auch Herr von Störk wurde bey Hofe angestellet. Diese Anstellung gab uns einen Zufluß von 500 fl. So waren unsere Umstände beschaffen, als sich das ganze Abhandlungsgeschäfte seinem Ende näherte. Graf Enzenberg überreichte alle diesfällige Arten S. M. dem Kaiser Leopold in Wien. Alles ward begnehmiget, und das ganze Vermögen noch mit Ende dieses Jahres förmlich übergeben.

Im August vorher besuchte uns die durchlauchtigste Erzherzoginn Elisabeth bey ihrer Durchreise nach Laybach. Sie zeigte einen empfindlichen Antheil an dem Verluste ihrer Schwester gegen uns, konnte sich aber nicht entschließen, ihre Grabstätte zu besuchen, weil es sie, wie sie sagte, zu sehr angriff. Sie blieb auf der Stiege, die in die Gruft führet, stehen, bethete und weinte viel, und konnte ihre Rede für Mariannen nicht genug ausdrücken.

Unser

Unser ganzes Abhandlungsgeschäfft war in einem Jahre vollendet, und wir hatten dieß blos dem rastlosen Verwenden Sr. Excellenz des Herrn Grafen von Enzenberg und den gesammten Herren Commissarien zu verdanken, denen wir auch ewige Erkenntlichkeit schuldig seyn werden, und dieß um so mehr, nachdem sie alle ihre Arbeiten unentgeltlich geleistet hatten. Was soll ich allererst von dem unermüdeten Bestreben und von der reinsten Uneigennützigkeit meines unvergeßlichen v. Baumgarten sagen? Dieser unnachahmliche Mann, eingedenk der Bitte der seligen Erzherzoginn, und ganz Freund für mich, opferte sich für uns ganz. Er hatte einen siechen Körper. Gleichwohl entzog er sich seine oft so nothwendige Ruhe, oder Erholung, und hielt alle Unbequemlichkeiten standhaft aus. Unser Wohl war ihm so nahe, als sein eigenes, und der lebhafte Antheil, den er an allen unsern Umständen nahm, verursachte oft, daß seine ohnehin schwache Gesundheit darunter litt. Ich konnte ihn nie mehr beleidigen, als wenn ich von einer Belohnung seiner mir geleisteten Dienste sprach. Er war ein Original in allen Dingen, und somit auch von dieser Seite. Fast könnte ich glauben, die Vorsicht habe ihn nur zu unserm Besten so lange erhalten, bis unser wichtigstes Geschäfft ganz in Ordnung gebracht war. Schon im September 1790 erkrankte er, und kam von dieser Zeit an nicht mehr aus dem Hause. Aber auch krank und an das Bett geheftet, vergaß er nicht, mich von Zeit zu Zeit zu erinnern, was ich unternehmen oder unterlassen sollte. Er litt viel und langwierig, denn seine Krankheit währte durch eilf ganze Monate. Er vollendete seinen harten Kampf am 18. August 1791, zum größten Leidwesen

sen seiner Familie und seiner Freunde, die ihn kannten und zu schätzen wußten. Diesem Manne, meine Schwestern, sind wir großen Dank schuldig. Wir können ihm solchen nur mit unserm Gebethe abstatten. Erinnert Euch in solchem täglich seiner Seele, und, wenn ich nicht mehr seyn werde, erhaltet sein Andenken noch unter Euch und Eueren Nachfolgerinnen; denn sein Name darf und soll in diesem Hause nie vergessen werden. Ehret ihn in seinem Bildnisse, und in seiner Familie!

Im May dieses Jahres sorgte die göttliche Vorsicht wiederum auffallend für uns. Der Schuldner, von dem ich schon oben Meldung machte, hatte wiederum 10,000 fl. an die Universalerbschaft zu erlegen. Er trug seine Schuld ab, ohne daß wir es hofften. Der Mann starb zwey Monathe darnach, und alle seine Gläubiger, deren es sehr viele gab, mußten verlieren. Die selige Frau stand für diesen Mann mit 20,000 fl. gut, und hätte er nicht bezahlt, so hätten wir beynahe alle die Summen, die wir durch die Versteigerung erhalten hatten, wieder eingebüßt. Hier muß ich abermals Sr. Excell. dem Herrn Grafen v. Enzenberg öffentlichen Dank abstatten, der sein eigenes Interesse bey Seite setzte, um das Unsrige in Sicherheit zu bringen. Nur seiner unermüdeten Verwendung danken wir es, daß diese Schuld bezahlt wurde. Gott wird es ihm noch in seinen Enkeln lohnen, und unser Dank wird dieser hohen Familie ein ewiges Denkmal, und das Wohl eines Instituts zum Gedeihen der leidenden Menschheit wird in unserm Hause die Wirkung dieser ausgeübten edeln Menschenliebe seyn.

Im

Im August fiel uns eine Pension von 200 fl. heim, und die große Karoline, Königinn von Neapel, zahlte das erstemal ihre uns zugesicherte großmüthigste Pension mit 1000 fl.

Am 8. December kam Frau Ignatia Hohenbergerinn, Excanonissinn vom Stifte St. Lorenzen in Wien, um unser Institut anzunehmen, nachdem sie schon acht Jahre nach der Aufhebung ihres Stiftes in der Welt gelebet hatte. Im April 1792 kam von eben diesem Stifte Schwester Ursula Polsterinn, und ward ebenfalls bey uns eingekleidet. Die Stelle der Cajetana Propstinn, die zu ihrem ersten Institut der Karmeliterinnen nach Prag zurückkehrte, ersetzte Frau Pulcheria Flammsederinn aus dem oben genannten Stifte St. Lorenzen.

So waren die Umstände bestellet, als ich im Nov. 1792 diese Geschichte zu schreiben anfieng, und sie auch endigte. Noch zahlen wir dermalen 4500 fl. an Pensionen jährlich. Es ist also sich nicht zu wundern, wenn ich bey der immer steigenden Theurung in allen Sachen stets auf genaue Wirthschaft sehen, und viele nothwendige Verbesserungen im Hause auf günstigere Zeiten verschieben muß; nur glaube ich mir keinen Vorwurf zuzuziehen, wenn ich nichts so sehnlich wünsche, als bald die Möglichkeit oder einige Wohlthäter vor mir zu sehen, unser Krankenzimmer, welches dermalen schon kein Bett mehr fassen kann, nach dem im Leben der sel. Fürstinn entworfenen Plane, mit Herlassung unserer eigenen daranstoßenden, wiewohl dem Kloster nothwendigen andern Gebäude, mit einem bereits berechneten Kostenauf-

aufwande von 4000 fl., zu Unterbringung mehrerer Hülf-
losen und leidenden Menschen, erweitern zu können! allein,
dieses bleibt wohl immer ein frommer Wunsch, dessen Erfüllung, leider! sicher mit der großen Fürstinn zu früh und
auf immer in das düstere Grab gekehrt ist. Indessen danke
ich der Vorsicht, daß ich es bey dermaligen Umständen doch
so weit brachte, die neue Apotheke, die uns höchst nothwendig war, herzustellen, was uns zwar ohne die Gnade
und reichliche Unterstützung der Königinn von Neapel auch
sicher unmöglich gewesen wäre. Trost also genug für uns,
meine Schwestern, daß die Aussicht in die Zukunft so be-
stellt ist, daß wir nicht mehr fürchten dürfen, dieses Haus
werde je wieder in die vorige Noth und Armuth zurücksin-
ken, wenn man anders genaue Ordnung und pünctliche
Wirthschaft beobachten will. Wir konnten ihn, so lange
dieses Haus besteht, noch nie fassen, diesen tröstenden Gedanken: Wir sind nun vor künftigem Mangel gesichert — als jetzt; und wem, liebste Schwestern! haben
wir, nach Gott, dieses Glück zu danken? Ich brauche es
Euch wohl nicht zu sagen, Euer Herz bürgt mir dafür, daß
der geheiligte Name unserer nun verklärten Wohlthäterinn und wahren Stifterinn, der durchlauchtigsten Erzherzoginn Maria Anna, tief in selbem einge-
prägt sey. Ihr, die Ihr mit mir die glücklichen Jahre ihres hiesigen Aufenthaltes durchlebt habt, seyd nicht der Gegenstand, für den ich diese Geschichte schrieb, Ihr seyd selbst
Augenzeugen gewesen, Ihr habt die großen Wohlthaten, die
sie uns zufließen ließ, mit mir genossen, und genießt selbe
noch; Ihr wisset, daß ich in dieser Geschichte nichts über-
trieb, wohl aber vieles nicht niederschrieb, was diese un-

ver-

vergeßliche Fürstinn in allen Gelegenheiten aus Freundschaft gegen mich und für das Ganze that. Dieses alles zu schildern, wäre vielleicht zu schmeichelhaft für mich, und Ruhmsucht ist mein letzter Fehler. Nicht für Euch also, sondern für meine und Euere Nachfolgerinnen schrieb ich dieses Werkgen.

Die Zeit tilgt Alles, wenn man nicht redende Denkmale für die Zukunft bereitet: auch bin ich überzeugt, daß mir der Tod eher, als vielen von Euch begegnen werde; jetzt also, da ich noch Gewalt dazu habe, jetzt trage ich Euch auf, diese Geschichte alle Jahre einmal öffentlich in dem Speisezimmer auf der Kanzel vorzulesen, damit alle unsere Nachkommende mit selber bekannt werden, und wissen, für wen sie ihr Gebeth zu Gott abschicken sollen, und wem sie ihr Glück zu verdanken haben. So heilig, als unsere Gelübde, müssen auch immerfort alle Gedächtnißtäge der seligen Fürstinn bleiben: begeht solche jederzeit so, wie ich es angefangen habe, besonders den 19. November, als den Tag ihres seligen Hinscheidens. Nie sey Euch dieser Tag — wie er es unserm Hause ehedem war — ein Festtag; denn wir haben an selbem zuviel verloren, und Gott kann an diesem Festtage nicht mehr geehrt werden, als wenn Ihr die Pflichten der Dankbarkeit gegen die Selige in vollem Maaße erfüllet. Nichts soll Euch an solchen Tagen abhalten, Euere Gebethe bey der verehrungswürdigsten Asche Euerer Wohlthäterinn zu verrichten, als Krankheit, oder die strengste Pflicht des Gehorsams bey den armen Kranken, oder Euch anvertrauten anderm Amte.

Noch

Noch kann ich nicht alles, was mein dankbares Herz wünschte, zur Verewigung und Gedächtniß der unvergeßlichen Fürstinn veranstalten: sollten sich aber in der Folge der Zeit Euere Umstände in etwas verbessern, so thut mehr, denn Ihr könnt für sie nie zuviel thun. — Lasset Euch vorzüglich an diesen heiligen Tagen die Armuth Eueres Nebenmenschen ohne Ausnahme angelegen seyn, und tröstet selben mit Wohlthaten nach Euern Kräften zur Vergeltung der uns von Mariannen erwiesenen Gnaden.

So lang ich selbst lebe, oder etwas zu befehlen haben werde, bin ich vor jedem Vorwurfe der Undankbarkeit für Euch und mich gesichert; aber lasset mich, liebste Schwestern, auch mit dem Troste sterben, daß Ihr dieses edle Gefühl immer in Euch und andern aufwärmen, und nie erkalten lassen werdet; denn nur auf diese Art werdet Ihr der größten Pflicht genug thun, und die Schuld abtragen, die uns die gränzenlose Wohlthätigkeit der Fürstinn aufgeladen hat, aber auch jenen Beystand und Segen von oben erhalten, den Ihr zu Ausübung Eurer strengen Berufspflichten so nöthig habt. Seyd allzeit mäßig im Aufwande, befriedigt Euch mit dem Nothwendigsten, handelt vorsichtig in allem, und überlaßt Euch nie ungewissen Handlungen, so wird Gott seinen Segen Euch nicht entziehen, den uns die Selige dort zu erbitten so oft und heilig versprochen hat. Denket in Euren täglichen Andachtsübungen der großen Kaiserinn Maria Theresia, des Kaisers Franz, deren unvergeßlichen Sohnes, Kaiser Josephs, deren Töchter, Karolinen, der wohlthätigsten Königinn von Neapel, Amalien, Herzoginn von Parma, und übrigen höchsten

Ab-

Abkömmlingen des durchlauchtigsten Hauses Oesterreich, von denen unserm Kloster in einer langen Reihe von Jahren so unsägliche Wohlthaten und Hulden zugeflossen sind: denket endlich auch meiner, wenn ich nicht mehr seyn werde, in Euerm Gebethe; aber eher vergesset Ihr meiner, als Mariannen; die unsere einzige Rettung, und unser Alles war. —

www.ingramcontent.com/pod-product-compliance
Lightning Source LLC
Chambersburg PA
CBHW031323160426
43196CB00007B/647